SACKMANN

DAS KOCHBUCH

Collection Rolf Heyne

INHALTSVERZEICHNIS

DIE NATUR D

ER DINGE...

Der Schwarzwald ist das Märchenland der Deutschen. Da, wo der Schwarzwald am schönsten ist, in der wildromantischen Ortschaft Schwarzenberg, beginnt die sagenhafte Erfolgsgeschichte des Hotels Sackmann und seiner Küche.

VERSTEHEN

Jörg Sackmanns Erfolgsrezept ist sein schöpferischer Geist. Mit ihm ging der dritte Stern über der Gourmetgemeinde Baiersbronn auf, außergewöhnlich ist eine solche Sternedichte allemal.

DER SANFTE REFORMATOR

Es ist nicht leicht, das eigene Leben festzuhalten, wenn es richtig Fahrt aufgenommen hat. Kurz vor Mitternacht sitzt Jörg Sackmann an seinem Schreibtisch im Büro, das unter Faxanfragen fast versinkt. Vor ihm ein Notebook, auf dem Bildschirm die Fotos seiner vergänglichen Kunst. Im Schnelldurchlauf tastet er sich durch sein kulinarisches Bilderbuch. Er denkt dabei laut. „St. Petersfisch mit Terriyaki-Sauce. Sehr gut, aber ich habe es nicht gern, wenn alles sternförmig liegt." Oder: „Karpfen mit gebackener Gänseleber und Linsen. Schön, gell? Aber schmecken muss es, das ist das Entscheidende."

Seit drei Jahren nimmt er jedes Gericht aus der Küche mit der Digitalkamera auf. In dem Tempo, in dem er Tellergemälde entwirft, sind einige nach zwei Jahren schon vergessen. Bis zu sieben Bilder hat er pro Gericht geschossen. Sternköche wie er sind Perfektionisten. Manchmal sieht man ihn am Pass vor dem eigenen Essen niederknien, es wie einen Star auf dem roten Teppich mit Blitzlichtgewitter überziehen. „Totani mit Orangen- und Erbsengelee." Er lässt das Bild einen Moment stehen, nimmt Auge und Nase wie von einer frisch servierten Mahlzeit. „Das ist ein heißes Gericht. Es schmilzt ganz langsam auf dem Teller und dann vermischen sich die Aromen. Man muss es gegessen haben, sonst denkt man, es ist verrückt, ein irres Aromenspiel."

Seine Worte klingen weich und warm. Es passt zu diesem kostbaren Moment, zu dieser Reise in seine Gedankenwelt. So, in voller Fahrt der Leidenschaft, beginnen viele seiner Sätze mit UND. Es ist, als würde ihn ein Punkt zwischen den Worten nur aufhalten in seinem Schaffensdrang. „Rochen mit braissiertem Kopfsalat, Zimtbutter und Fischkruschteln. Und da habe ich ein Namensproblem. Die Kruschteln auf dem Gitternetz sind wie Popcorn. Sie liegen auch in der Zimtbutter als Medium zur Sud-Aufnahme. Ich habe sie erst pochiert und dann in Tempurateig knusprig ausgebacken. Nennt man sie Kruschtel, dann denkt jeder, es sind Brotkruschtel. Aber Forellenpopcorn ist mir zu sehr junge Wilde." Manchmal, gibt es für seine Schöpfungen noch gar keine Worte.

SACKMANN

Jörg Sackmann ist ein Sternekoch mit Hang zum Grübeln. Alles Neue ist zuerst nur ein Gedanke. Aber irgendwann waren seine Fleisch gewordenen Gedanken nicht mehr zu übersehen. Der Michelin ließ 1995 einen Stern über ihm aufgehen. Seither hat Baiersbronn auf 16.000 Einwohner sechs Sterne in drei Restaurants. Eigentlich streuen die Tester ihre Sterne gern etwas breiter. Allein das spricht für Jörg Sackmann. Andere Gourmet-Instanzen sehen das ähnlich. Der Gault Millau nennt ihn „Christo der Küche“, die Illustrierte Bunte „Kreativkoch des Jahres 2003“.

Wer das hört, denkt an Genie, Tendenz Wahnsinn. Aber weit gefehlt. Jörg Sackmann redet nicht gerne über seine Kreativität und bleibt bescheiden. Das Gourmetrestaurant müsse man als Teil einer Gesamtaufgabe sehen. „Wir sind ein Ferienhotel“, sagt er gerne und blinzelt dabei.

Er ist ein herzlicher Typ mit blitzwachen Augen, Schnauzer und ausgeprägtem Riecher. Wie aus dem Nichts blinkt er mit seinen Gesundheitssandalen überall im Hotel kurz auf, so der Herd ihn lässt. Sofort spürbar ist auch seine unbändige Energie. Man sieht ihn nie gähnen und nie schwitzen. Kein Mensch weiß, in welches Zauberfass er als Kind gefallen ist. Jedenfalls stehen seither die Haare vom Wirbel am Hinterkopf wie feine Energiefühler gen Himmel. Woher nimmt er nur die Vitalität, mit der er sich spät nachts noch durch sein kulinarisches Tagebuch denkt? Das alles am Ende eines Arbeitstages, der so früh beginnt. Man sagt, Äpfel fallen nicht weit vom Stamm. Vielleicht können seine Eltern helfen, die Kraftquelle zu finden.

IST ENERGIE ERBLICH?

Schwarzenberg, 18 Stunden zuvor. Anita Sackmann erwacht.

Ein kurzer Blick aus dem Fenster versichert sie ihres Zeitvorsprunges für den heutigen Tag. Vom nahen Dorfplatz in 525 Metern Höhe erklingt das Glockengeläut einer Herde entlaufener Ziegen. Ansonsten döst die wildromantische Hofansammlung mit ihren knapp 300 Einwohnern noch unter einer bauschigen Nebeldecke, die sich zwischen die schwarzen Hügel mit den dicht stehenden Tannen gegossen hat. Die Häuser im Ort tragen Namen wie „Karin“, „Jägerstüble“ oder „Alte Mühle“. Ihre Fassaden schmücken Geweihe und Kutschenräder. Mildes Reizklima, Natur, Herzlichkeit, Genuss – das ist der Schwarzwald. Das ist das Märchenland der Deutschen.

Es ist Schlag halb acht, als Anita Sackmann das erste Kuchenblech mit dem Boden für einen Frankfurter Kranz aus dem Ofen zieht. Sie will heute mit ihrem Mann Reinhold zum Wintersport ins Wallis. Das „Carven“ hat sie sich noch vor zwei Jahren beigebracht; da war sie 73 Jahre jung. Aber vorher muss der Laden natürlich laufen. Nicht auszudenken, wenn das Personal verschläft und das Frühstücksbüfett nicht steht, wenn die ersten Wandersleute unter den Hausgästen dort gestiefelt und geschnürt anstehen.

Unaufhaltsam wirbelt die Vollblutgastronomin durch ihr rustikales Reich. Sie trägt zwei Herzen als Ohrringe, eins als Amulett. „Das Herzl muss immer mitgeh'n in dem Haus“, sagt sie. Bis die Auszubildenden das verstehen. Es gibt so viel zu tun. Das Hotel Sackmann liegt in der Flächengemeinde Baiersbronn, in Württemberg, knapp zwei Kilometer vor der Grenze zu Baden. Die Lage zwischen den sparsamen Schwaben und den lebensfrohen Badenern hat das Haus geprägt. Es ist eine Generationsfrage, in welche Richtung es ausschlägt. Anita und Reinhold Sackmann gehören zur Aufbaugeneration. Sie sind 52 Jahre verheiratet. Stets haben sie an einem Strang gezogen, mit Augenmaß das Hotel sukzessiv erweitert und mit Liebe zum Detail ausgeschmückt.

Die Arbeitstage wurden länger und länger, und nun können sie nicht mehr ohne. „Wir wollen jetzt aber von 17 Stunden am Tag auf 15 runterfahren“, sagt Reinhold Sackmann. „Dass man den Nachmittag vielleicht zwei Stunden freimachen kann.“ Kerzengerade sitzt er da mit seinen 74 Jahren, die Schuhe im 90-Grad-Winkel unter dem Tisch ausgerichtet, als er bedächtig von den Anfängen erzählt. Vom kleinen Fachwerkhaus, das sein Vater 1927 in Familienbesitz brachte. Dem Zug, den er als Bahnhofsvorsteher für ihn als Schuljungen anhielt. Seiner Mutter, die, kaum war die Bahn da, aus dem Kaufladen eine Pension mit Café machte.

Neben ihm sitzt seine Frau Anita und rattert zeitgleich durch ihre Geschichte. Während er noch von Sägewerken, Flößern und Hauffs Märchen vom Kalten Herz erzählt, ist sie schon bei der so genannten „Fresswelle“ in den 60er Jahren. „War ja fast nur Vollpension. Mittags und abends gab es warme Mahlzeiten und zum Kaffee noch warmen Käsekuchen dazu.“

Patissière und Köchin hat sie gelernt. „Und der Reinhold Koch. Eine gute, feine Küche hat der Reinhold gemacht. Und Auszeichnungen gab's.“ Tochter Waltraut Wagner hat mal in einer stillen Stunde über ihre Eltern gesagt, sie seien wie Spitzbuben. Etwas Schöneres kann man über zwei geliebte Menschen in diesem Alter nicht sagen. So hat das Leben seiner ruhigen und ihrer schnellen Hand die Aufgaben verteilt. Er kümmert sich nach der Übergabe des Kochlöffels an Sohn Jörg um die Finanzen. Sie kümmert sich um alles. „Also der Kapitän ist der Chef, mein Mann. Und ich bin das Steuerrad“, sagt Anita Sackmann schelmisch. Ihre Kraft ist unglaublich. Falls Energie erblich sein sollte, ist der Funke auf Jörg Sackmann übergesprungen.

Aber man ahnt bereits, dass zwei so agile Menschen, mit einem eigenen Kopf noch dazu, selbst in einem so großen Haus wie dem Hotel Sackmann auch schon mal aneinander geraten können. Kaviar oder Kartoffelpuffer, badisch oder schwäbisch – wer steuert, wer lenkt im Miteinander der Generationen? Und vor allem: wohin?

Annemarie Sackmann ist der ruhende Pool in der Familie. Als Hausfrau, Mutter zweier Söhne und Chefin für die süßen Sünden im Haus laufen bei ihr alle Fäden zusammen. Sie brachte sich das Kunsthandwerk der Patisserie autodidaktisch bei. Heute zählen ihre Kreationen zur Spitzenklasse der deutschen Gourmetküche.

Die Sackmanns sind eine Großfamilie wie aus dem Bilderbuch, die Hotel und Restaurant inzwischen in der dritten Generation führt. „Das Herzl muss auch mitgeh'n in dem Haus", sagt Anita Sackmann gerne. So hat jeder Gast das Gefühl, er sei ganz persönlich zu Besuch bei der Sippe Sackmann (v.l.n.r.): Daniel, Annemarie, Anita, Jörg, Reinhold, Nico und Waltraut Wagner (geb. Sackmann).

... DIESE

SACKMANNS

Den Vater als großes Vorbild haben sie beide, der Daniel und sein älterer Bruder Nico. Das Interesse am Familienbetrieb auch. Wann immer Daniel neben dem geliebten Tischtennissport etwas Zeit bleibt, stromert er mit Opa Reinhold durchs Hotel und hält alles mit in Schuss. Nico weiß schon heute, dass er einmal Koch werden will. Gerne schaut er Vater Jörg in der Küche über die Schulter, besorgt der Küchenbrigade frische Kräuter aus dem Schwarzwald und hat sogar schon einmal seine Hauswirtschaftsklasse bekocht – zur Begeisterung aller.

Die Erholung im Hotel Sackmann beginnt mit dem strahlenden Lachen von Waltraut Wagner. Auch der Schwester von Jörg Sackmann ist der fröhliche Elan der Familie eigen. „Walli“ hat noch im Alter von 36 Jahren ihr Abitur gebaut und zieht jetzt mit dem Vater in der Verwaltung die Strippen. Auf ihrem einmal die Woche abgehaltenen Gästevortrag beschreibt sie ihre Arbeit so: „Ich bin meist an der Rezeption. Ich sag' immer: Außer Kochen mach' ich hier alles.“

Das Hotel Sackmann ist seit 1927 in Besitz der Familie und über die Jahre sukzessive auf 65 Zimmer angewachsen. Im Oktober 2001 wurde das Haus in der Gruppe „Romantik Hotels & Restaurants International" aufgenommen. Eine besondere Auszeichnung, die europaweit nur an außergewöhnliche und vorzügliche Privathotels vergeben wird.

DIESE SACKMANNS

Es ist immer wieder ein Wunder, wie das Hotel Sackmann jeden Morgen von acht bis zehn Uhr Fahrt aufnimmt.

Wie schnell es in der Kuchenvitrine eng wird, sich die Bezüge der 120 Betten häuten, die Tische in den drei Restaurants wie von Geisterhand decken und Jörg Sackmann seine 17-köpfige Küchenbrigade auf Trab bringt. Es ist die wichtigste Zeit des Tages. Der Betrieb muss nach Fahrplan laufen.

Hakt es irgendwo nur um zehn Minuten, dann erwartet den Junior-Chef zum zweiten Frühstück nur kalter Kaffee. Weil der dort immer Schlag halb zehn serviert wird. Das Haken hört man daran, dass Jörg Sackmann hier und dort „Gas geben!" zu seinen Jungs sagt. Heute muss er das nicht sagen. Der Kaffee steht brühwarm vor ihm im Wohnzimmer, dem privaten Rückzugsort der Familie. Es liegt gleich hinter der Rezeption mit gutem Blick auf die Murgtalstraße, von der die Gäste kommen. Es ist ein lebendiges Zimmer. Auf der Schrankwand stapeln sich Pokale und Puppen, am Fenster ein Keyboard, darunter ein Fußball. An der Wand der Essecke hängen die in Öl gemalten Portraits der drei Sackmann-Sprösslinge im Vorschulalter. Sie kamen wie nach einem Fünfjahresplan zur Welt. 1950 – 1955 – 1960. Links die älteste Tochter, Waltraut, sie leitet die Rezeption. Rechts Sonja, die zweitälteste, die als erfolgreiche Managerin und jetzt als Professorin um die Welt jettet. In die Mitte vorgedrängt hat sich Jörg, der jüngste Spross. Schon damals mit wachem Blick und Wuschel im Haar.

Die Essecke mit dem runden Tisch ist der Knotenpunkt der Kommunikation der Sippe Sackmann. Für die Arbeit im Familienbetrieb ist der rege Fluss der Informationen lebenswichtig. Wer den brandheißen Flurfunk verpasst, wird spätestens zu den drei festen Esszeiten am runden Tisch auf den neusten Stand gebracht. Frühstück um halb zehn, Mittag um halb zwölf und Kaffee um halb fünf. Jörg Sackmann und seine Eltern sitzen bereits beim Frühstück, als seine Frau Annemarie mit Sohn Daniel ins Wohnzimmer kommt.

„Der Daniel hat erhöhte Temperatur", sagt sie. „Ich bringe ihn gleich rüber ins Bett." Daniel sagt dazu gar nichts, was für ihn schon verdächtig ist. Traurig blickt der 12-Jährige auf den Tischtennisschläger in der Hand, seine große Leidenschaft. Darüber gäbe es so viel zu sagen. Vor allem, dass er seinen Vater Jörg neulich „das erste Mal platt gemacht hat". Er würde das so gerne wiederholen.

Schnellen Schrittes kommt Waltraut Wagner von der Rezeption herein. „Schön, dass ich euch hier beisammen habe. Der erste Musterstuhl ist gekommen." Die Anita-Stube sollte neu eingerichtet werden. Der Dekostoff ist gelb mit feinen Streifen in Orange. „Das ist ja viel zu hell. Da siehst du jeden Fingerabdruck drauf", sagt Anita Sackmann. „Er muss dunkler sein an der Lehne, wo alle anfassen." „Wir müssen außerdem unserem Stil treu bleiben; wenn wir ihn verlassen, geben wir etwas von uns auf", sagt Jörg Sackmann. „Und zu hell ist er", sagt seine Mutter noch einmal zur Bestätigung.

Im Nu zerstreut sich die Kaffeerunde wieder in alle Himmelsrichtungen. Es ist wie in einer typischen Großfamilie. Manchmal reden alle durcheinander und keiner hört zu. Jörg Sackmann bleibt noch einen Moment sitzen. „Jeder ist bei uns wichtig und wird gebraucht", sagt er. „Das ist hier nicht das Jörg-Sackmann-Ding." Am Ende jeder Entscheidung muss ein Kompromiss stehen, den alle im Familienbetrieb mittragen können. Nonstop Konsens ist das Ziel, auch wenn es bis dahin manchmal ein weiter, steiniger Weg ist.

Die Restaurantküche im Hotel Sackmann vereint zwei kulinarische Welten. Die Anita Stuben, benannt nach Anita Sackmann, bieten regionale und klassische Küche im rustikalen Ambiente (Bild unten links). Das mit einem Michelin Stern ausgezeichnete Gourmetrestaurant Schlossberg (oben rechts) ist das „Paradepferd" von Jörg Sackmann, wie es Vater Reinhold ausdrückt. Der Weinkeller (unten rechts) ist über 25 Jahre mit dem Haus gewachsen. Der Schwerpunkt liegt auf badischen Weinen, dazu viele Franzosen und erlesene Flaschen aus Übersee. Die besten Tropfen lagern ganz oben in der Mitte – dem Privatfach von Jörg Sackmann.

Die Zimmer im Hotel Sackmann sind komfortabel und individuell eingerichtet. Sie überzeugen durch ihre warmen und sonnigen Farbtöne, die Waltraut Wagner ausgesucht hat.
„Ich verstehe den Romantikgedanken als Gegenbewegung zu dem, was in der schnelllebigen Welt passiert", sagt die Schwester von Jörg Sackmann. „Bei uns können sich die Gäste geborgen fühlen. Viele kommen fix und fertig an, und schon am zweiten Tag wirken sie wie neu geboren."

Die Skizzen der Dessertkreationen an der Wand der Patisserie von Annemarie Sackmann wirken wie kleine Kunstwerke.

Wenn Jörg Sackmann von seiner Ausbildung erzählt, klingt das, als wäre ihm alles einfach so passiert.

Dabei hat er bei den besten Köchen Deutschlands gelernt. Den Drang zum Herd hatte er schon früh. „Ich werde Koch“, sagte er im Alter von zehn Jahren zu seinen Eltern. Die Schule begeisterte ihn nie. Seine fünf Jahre ältere Schwester Sonja war stets die Klassenbeste. „Da war eine Drei schon eine schlechte Note.“

Die „Traube Tonbach" lag in der Nähe, die Familien Finkbeiner und Sackmann kannten sich aus dem Gemeinderat, da ergab sich der Rest. Der Lehrzeit in der Hotelküche folgte ein Engagement im französischen Restaurant bei Harald Wohlfahrt. „Beim Harald hat mich der ruhige Führungsstil und die Perfektion seiner Arbeit fasziniert“, erzählt Jörg Sackmann. Die beiden sind noch heute gut befreundet. Man ruft sich zum Geburtstag an und trifft sich zum Essen.

Sackmann lernte Saucen so oft zu passieren, bis die Gäste vor Genuss das Schlucken vergessen. Und er lernte diese kleinen, raffinierten Tricks, die sehr gute Küche zu genialer Küche adeln. „Bei mir war der Fischfond immer trüb, bei ihm ganz klar und kräftig“, erzählt er. „Bis ich spitzbekam, dass eine Prise Salz das trübe Eiweiß oben schwimmen lässt.“

Aus Tonbach ging es direkt weiter nach Berlin ins „Maître“. Bei Lebemann Henry Lévy sah er Produkte und Zubereitungsarten, die sich bis dahin selten von Frankreich nach Deutschland verliefen. Um nicht mit den Étouffée-Tauben auf und davon zu fliegen, erdet er sich anschließend bei Albert Kellner in „Brenner's Park-Hotel“ in Baden-Baden, einer erstklassigen Hotelküche. „Da hab ich gelernt, dass ich nicht jede Bohne einzeln auf dem Teller ausrichten muss, bis sie im Zweifel kalt sind und die Glaçage fehlt“, sagt er schmunzelnd. Nicht Kunst auf dem Teller, sondern das perfekte Gericht im optimalen Timing, das ist der Punkt.

So war seine Ausbildung bis dahin ein Dreischritt aus Perfektion, Produktwissen und Timing. Fehlt nur noch die Kreativität, diese zarte Muse der Kunst, die in Gestalt von Eckart Witzigmann in sein Leben tritt. Eigentlich hatte Jörg Sackmann schon einen Vertrag vom Hotel „Eden Roc“ am Cap d'Antibes in Südfrankreich in der Tasche, da sagte ihm der Harald, dass der Eckart einen guten Koch suche.

Als Sackmann ohne Erwartungen nach München reiste, entpuppte sich das Vorstellungsgespräch als Smalltalk über Gott und die Küche. Champagner gab es und einen charismatischen Küchenchef, der ihm das Gefühl vermittelte, bereits vor der Anreise aufgestiegen zu sein in die Koch-Bundesliga. Sackmann heuerte bei Witzigmann an. Auch daraus reifte eine Freundschaft fürs Leben.

Das war die Zeit, in der die Gourmetküche in Deutschland zum Medienthema hochkochte. Die „Aubergine" stand mit ihren drei Sternen unter starker Beobachtung. Witzigmann ließ seine Brigade diesen Druck als Ansporn spüren. „Da waren fast nur Einzelkämpfer“, erzählt Jörg Sackmann und dreht an seiner Kaffeetasse. „Jeder wollte sich durch Leistung profilieren.“ Mittags und abends der Laden voll, immer Höchstleistung. Da lief selbst das Sackmann'sche Kraftwerk unter Volllast. Die Kreativschule à la Witzigmann sah so aus: Der Chef stellt die Zutaten hin, zum Beispiel Steinbutt, Fenchel und Muscheln, und sagt: So, nun mach mal was draus!

„Da konntest du nicht schnell mal im Kochbuch nachschlagen, die Zeit war nicht“, sagt Sackmann. „Aber genau das war die Motivation. Aus den Produkten ein tolles Aroma zu machen. Aus dem Fenchel 'nen tollen Sud, um den Steinbutt darin zu garen. Dann die Muscheln dazugeben, die sich öffnen mit einem irren Aroma, wenn der Saft austritt.“

Der zweite Förderer seiner kreativen Ader ist Johann Willsberger. Er nimmt Sackmann schon früh in seine Gourmet-Buchreihe auf, wo sonst nur die Weltelite versammelt ist. Manchmal blieb ein saisonales Produkt über, für das kein Sternestar kochen mochte. „Hast du noch eine Idee für ein Rezept mit Schwarzwurzeln“, fragte Willsberger dann und brachte Sackmann damit immer wieder auf neue Gedanken.

Jörg Sackmann hatte das große Glück, dass ihn seine Frau Annemarie auf der kulinarischen Deutschlandreise begleiten konnte. Die beiden hatten sich schon in der katholischen Jugendgruppe in Forbach kennen gelernt. Bei ihrer Lehre als Gaststättengehilfin im Hotel Sackmann sprang schließlich der Funke über. Seither sind die beiden ein unzertrennliches Team. Sie zog mit von Berlin über Baden-Baden nach München, stand ihm zur Seite, wo immer sie konnte.

„Dabei war uns ganz wichtig, nicht jeweils im selben Haus zu arbeiten“, erzählt Annemarie Sackmann. Die Gemütsruhe, mit der sie in ihrer Patisserie filigrane Kunstwerke aufbaut, hat eine fast meditative Ausstrahlung. Es sind Kreationen auf Gourmetniveau. Das Handwerkszeug hat sie sich über die Jahre autodidaktisch erarbeitet. Ihre Ruhe und die Energie ihres Mannes – es ist interessant zu sehen, wie das Energieverhältnis genau spiegelverkehrt ist zu dem von Anita und Reinhold Sackmann. Die Balance stimmt hier wie dort.

So kamen Jörg und Annemarie Sackmann nach zehn Jahren „aus der Fremde“ zurück in den Schwarzwald. Er kam mit der bestmöglichen Gourmet-Ausbildung in das Ferienhotel seiner Eltern. Einem Haus, wo Wandersleute ihre Brotzeit nehmen und sich ihre Eindrücke des nahegelegenen Erlebnispfad erzählen.

„Ich dachte schon, ich sehe solche Sachen wie Flusskrebse und Meerwolf nie wieder“, sagt Jörg Sackmann und leert seine Kaffeetasse. Er macht zum ersten Mal eine Pause im Erzählstrom.

In diesem Moment stürmt Daniel ins Wohnzimmer, der eigentlich im Bett liegen sollte. „Kommt schnell, Oma und Opa fahren jetzt los in den Skiurlaub!“ Es ist ein sehr herzlicher Abschied. Viele Umarmungen, jeder hat noch etwas loszuwerden. „Jörg, du koch mir gut.“ – „Waltraut, meine Liebe, halt das Hotel in Schuss.“ Nur langsam schiebt sich der Familien-Pulk nach draußen. Endlich sitzt die Oma im Auto. Wie ein Chauffeur gibt Reinhold Sackmann Gas. Der Wagen ist schon um die Kurve, da wird noch immer gewinkt.

„Das Herzl muss immer mitgeh'n.“ Das hat Anita Sackmann ein Leben lang gepredigt. Die Herzlichkeit ist der Familie Sackmann in Fleisch und Blut übergegangen. Man achtet beim Mittag am runden Tisch drauf, dass alle etwas zu trinken im Glas haben. Es ist die gleiche Aufmerksamkeit, die den Gästen im Restaurant zuteil wird. Vielleicht liegt darin das Geheimnis, wie es die Familie Sackmann schafft, jedem Gast das Gefühl zu vermitteln, ihr ganz privater Besuch zu sein. Doch nun macht die Herzlichkeit eine kurze „Zimmerstund“. Die Pause am Nachmittag ist die letzte Ruhe vor dem Tafelsturm am Abend.

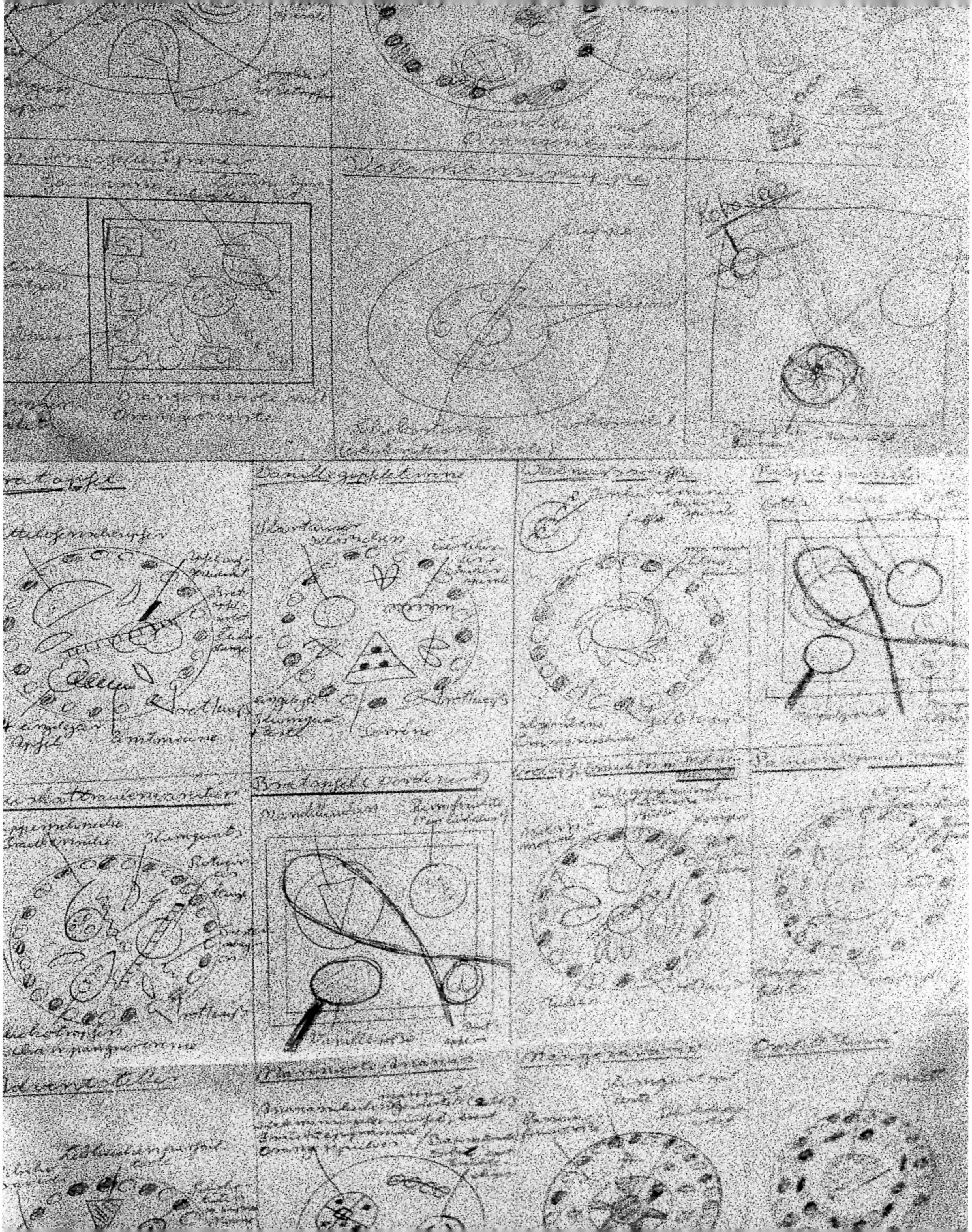

„Jeder Chef ist nur so gut wie seine Mannschaft“. (Jörg Sackmann)

Jörg Sackmann bezieht seine hochwertigen Produkte gern direkt aus dem Schwarzwald. Die ersten Martinsgänse holt er direkt aus Baiersbronn bei Bernd Riegraf, der seine Weidetiere nur mit Gras, Hafer und Weizen füttert. Obstbauer Klaus Schindler hingegen hat die allerfeinste Nase für edle Brände. Der Mann, der nie ohne Hut das Haus verlässt, hütet das Wissen um alte Obstsorten und Kulturverfahren wie seinen Augapfel.

Mit Michel Lesage-Rochette, Inhaber des Gourmetlieferanten Südfisch, verbindet Jörg Sackmann eine langjährige Freundschaft. Südfisch bezieht seinen Frischfisch viermal die Woche direkt aus Paris. Von Südfisch in Muggensturm nach Schwarzenberg ins Hotel Sackmann sind es nur 35 Autominuten. Ist eine Zutat in Sackmanns Küche aus, spielen die Fahrer sogar manchmal extra Feuerwehr für die Wünsche der Gourmetgäste.

Jörg Sackmann lässt sein Wild direkt vom Förster aus dem Schwarzwald bringen. Das geht natürlich nicht auf Bestellung, weil Thomas Haußer bei aller ihm eigenen Muße nie sagen kann, wann dem Waidmanns Heil auch der Dank folgt.

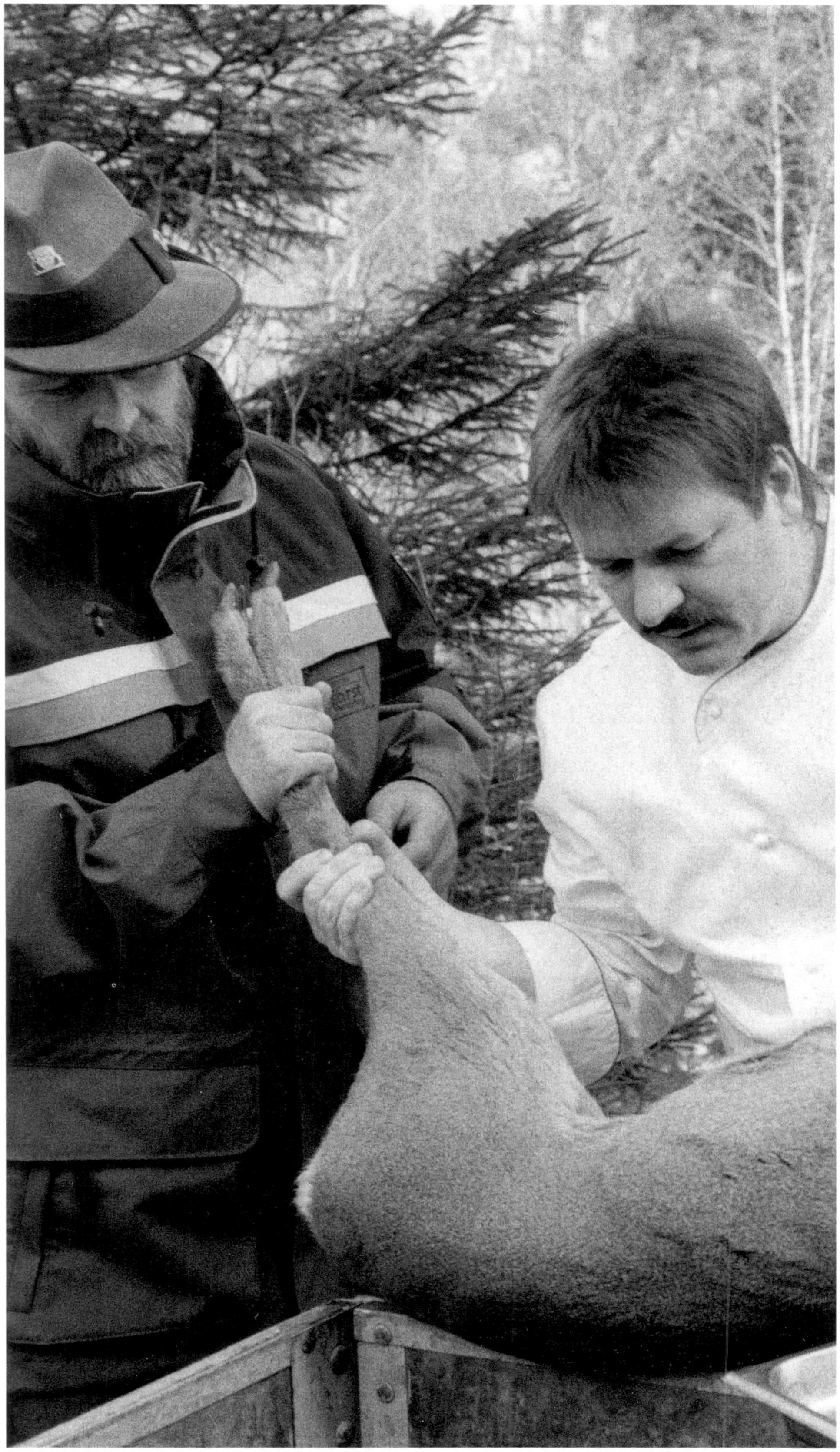

Sternekoch Jörg Sackmann war 1991 Gründungsmitglied der „Jeunes Restaurateurs“. Die Elite der deutschen Gourmetszene, zu der 41 Köche gehören, hat sich dem Motto Talent und Leidenschaft verschrieben. Wichtiges Anliegen ist die Vermittlung eines Qualitätsdenkens an den Nachwuchs, wie hier von Jörg Sackmann an seinen Postenchef Oliver Rausch.

„Papa, willst du ein Stück Apfelkuchen?“ fragt Nico, als sein Vater nach der Mittagspause um halb fünf in die Küche kommt.

Der älteste Sohn sieht mit seinen 15 Jahren aus wie fast alle Jungs in seinem Alter. In den Haarspitzen glänzt Gel, die Großraumhose ist modisch tiefer gelegt. Nur Skateboard fährt er nicht. Nico züchtet in seiner Freizeit Maiskolben für den eigenen Kräutergarten. Schon früh hat er sich für Aromen interessiert, mochte Lachs und Hummer, wo andere Kinder ihre Käse- und Wurstphasen haben.

Nico weiß, wo im Wald die Steinpilze stehen, und auf der Wiese der Waldmeister.

Er verdient sich damit bei den Köchen ein kleines Zubrot zum Taschengeld, die sein Know-how und die kurzen Lieferzeiten sehr schätzen. Auch er mag wie sein Vater die Schule nicht sonderlich. „Ich will Koch werden“, sagt er im Brustton voller Überzeugung. Wann immer er kann, stromert er wie eine Naschkatze durch die Küche des Vaters und die Patisserie von Mutter Annemarie.

Jörg Sackmann beißt ein Stück von Nicos Apfelkuchen ab und zieht eine Runde bei seinen Postenchefs. Es ist, als würde er damit das große Schwungrad der Küche einmal rumdrehen. Zwei Stunden später ist Rushhour am Pass.

„Als Nächstes geht der Steinbutt mit Banane“, ruft Jörg Sackmann in die Küche. „Jetzt aber bitte auch Gas geben!“ Sein Tonfall ist sanft und bestimmend zugleich.

„Jawoll!“, schallt es zurück. Jemand joggt in die Kühlkammer.

Zu Spitzenzeiten gehen 250 Gerichte pro Abend raus. Von Hausgast bis Gourmet, alles aus einer einzigen Küche. Die Kollegen in subventionierten Gourmettempeln bewundern ihn dafür.

Jörg Sackmann stellt eine Eisenpfanne auf den Induktionsherd und gießt etwas Olivenöl hinein. Er dreht sich, holt aus einer Schublade mit der linken Hand zwei Butterflocken, vollendet die Pirouette und gibt die Butter zum Öl. Darauf legt er den Butt. Butter und Öl sind wie Teflon, da klebt nichts mehr. Zum Abschluss kommt der Butt für wenige Minuten in den Ofen. Seine Arbeit geht unheimlich fix von der Hand. Sie strahlt eine enorme Leichtigkeit aus.

„So, wir können anrichten“, sagt er und geht mit dem Butt zum Pass. Es ist der einzige Ort, wo man ihn in gebeugter Haltung sieht.

„Die Bananencreme möchte ich probieren!“ Mit einem kurzen Wischer fährt sein Löffel in die Sauciere.

„Okay!“

Die Creme ist das Bett für den Butt, der natürlich zentral angerichtet wird. Sorgsam, aber nicht künstlich drapiert er das Confit und die Croustade drumrum. Er stellt sich den Teller noch einmal ins Licht, genau so, wie ihn auch der Gast sieht. „Wir können gehen!“, sagt er und wischt den letzten Saucenklecks weg. „Das Familienwappen am Tellerrand bitte immer auf zwölf Uhr!“ Langsam segelt der „Suprême vom Steinbutt auf Bananencreme mit Trüffeln und gebackener Croustade“ davon ins feine Restaurant Schlossberg.

„Wenn ich lange nichts Neues probiert hab, kribbelt es schon in den Fingern“, erzählt Jörg Sackmann, als die Hauptspeisen fürs Gourmetrestaurant raus sind. Dieses energetisch-kreative Kribbeln ist nicht immer da. Aber es kommt immer wieder in ihm durch. Als er 1988 an den heimischen Herd zurückkehrte, stand er dort zunächst gemeinsam mit seinem Vater. „Ich dachte, irgendwo muss man ja leben können. Das ist ein über Generationen gewachsenes Ferienhotel, das ich weiterzuführen habe.“ Bis dann das Kribbeln wieder hochkam.

Erst waren die Eltern skeptisch ob seiner Ambitionen, ein Verbot gab es aber nie. Wenn neben der Pflicht in der Hotelküche noch etwas Zeit für die Kür blieb – warum nicht? Seine ersten Gourmetkreationen servierte er parallel zur Karte in den Anita-Stuben. Natürlich waren die Gäste begeistert, das musste auch seine Mutter einsehen. Schließlich war die rege Nachfrage nicht mehr planbar, was bei der Qualität der Zutaten aber sein musste. Dazu kam der höhere Aufwand in der Küche, von der Patisserie ganz zu schweigen.

„Im April 1993 bekam der Junge sein Paradepferd, das Gourmetrestaurant Schlossberg“, wie es Vater Reinhold ausdrückt. Nur zwei Jahre später kam der erste Stern von Michelin. Aus der Skepsis von damals ist inzwischen Stolz erwachsen.

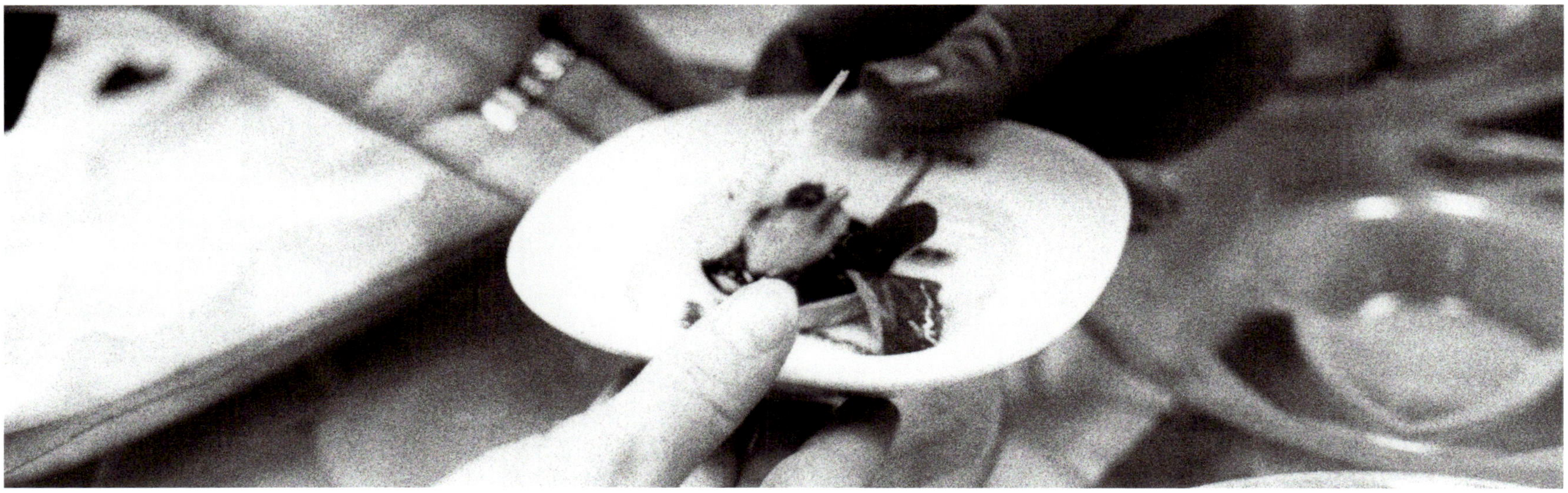

Ein unschlagbares Team im Gourmetservice: Pier-Luigi Fassiotti (links) und Philippe Marchal.

DAS AHA-PRINZIP

Inzwischen ist auch der Teller vom Butt mit Banane wieder zurück in der Küche.

Die Sauce ist restlos aufgestippt, was das größte Kompliment für jeden Koch ist. „Natürlich ist das ein Risikogericht", flüstert Sackmann mit Blick auf den geleckten Teller. „Die Creme muss ganz leicht sein. Und wirklich nicht penetrant. Sie darf keine Süße haben, nur eine Säure." Saure Bananensauce – wieder so ein Gedanke. Pro Menüfolge gibt es nicht mehr als ein Risikogericht. Und das geht nie ohne den Chef raus. Niemals nie.

„Wenn einer von zehn Gästen das als gewagt empfindet, ist es okay", sagt Sackmann. Dabei zieht er die Augenbrauen nach vorne und lässt an der Nasenwurzel eine Falte, tief wie eine Gletscherspalte, klaffen. Natürlich mag er das nicht, wenn jemand sein Essen nicht mag.

„Aber wer riskiert denn heute noch was Neues in der Küche?", fragt er. Im „El Bulli" bei Kochchemiker Ferran Adria war er schon vor sechs Jahren. Da ging noch keine Straße hin, nur Sand mit Schlaglöchern. Es gab roher Tintenfisch in Kokosmilch. Das war nun wirklich was Neues. Aber auch eine Überwindung. Und diese jungen Wilden? „Ich hab von einem gelesen, der Fisch in Folie im Geschirrspüler gart", sagt er. Und wieder die Gletscherspalte zwischen den Brauen.

Jörg Sackmann sammelt Kochbücher. Drei Schränke hat er davon voll. Jeden Urlaub nimmt er einen Stapel Rezeptwerke mit zum Lesen. Jawohl: LESEN. Es gibt keine Kochinnovation, die ihm entgehen würde. Wie ein Besessener saugt er sie auf, dreht und wendet jede Idee so lange in Gedanken, bis etwas mit Genuss herauskommt. Nur bloße Show ist seine Sache nicht. „Gespickt ist nicht gepierct, Püree bei mir kein Schaum", sagt Sackmann.

Das ist ganz sicher die Nische, die er als dritter Sternekoch in Baiersbronn ausfüllt. Regional und traditionell, leicht nouvellig, aber ohne Schickimicki. Das Ganze wohldosiert an den Gast bringen. „Es geht um Genuss mit Aha-Effekt", wie er sagt, „weniger ist mehr". Die Gäste vertrauen seinen sanften Reformationen blind. Rund 80 Prozent der Gourmets bestellen das Menü. Viele sagen: „Machen Sie mal einfach!"

Es ist wieder spät geworden, bis das letzte Dessert draußen ist. Jörg Sackmann schaut auf einen Zwischenstopp am runden Tisch im Wohnzimmer vorbei. Waltraut Wagner und Nico unterhalten sich über ihr Klavierkonzert, für das sie gerade geübt haben. Jörg Sackmann geht zum CD-Player und legt ein Album von Santana auf. Placido Domingo singt zur sphärischen Gitarre von Santana. Jörg Sackmann schließt die Augen, reibt Daumen und Mittelfinger der linken Hand aneinander. „Da kriegst du eine Gänsehaut", sagt er. „Musik ist meine große Leidenschaft." Viele Gitarrengötter hausen in seiner Plattensammlung. „Ich habe drüben in unserer Privatwohnung überall Boxen. Im Bad, in der Küche und am Essplatz. Da kann ich in kürzester Zeit relaxen." Das Lied ist nur wenige Takte alt, da greift er nach einer frischen Kochjacke und springt los auf die letzte Tischrunde für heute.

Jörg Sackmann hat als Jugendlicher selbst Gitarre gespielt. Es war die große Herzenssache neben dem Kochen. Bis ihm die Eltern das verboten, weil er in der Schule zu faul war. Vielleicht hat er ihnen das nie verziehen. Aber im Nachhinein gesehen, haben Anita und Reinhold Sackmann der deutschen Küche damit einen großen Dienst erwiesen. Nun bricht seine Kreativität am Herd aus.

Kurz vor Mitternacht ergreift das Hotel Sackmann einer dieser magischen Momente. Von draußen hört man das Zirpen der Grillen und das leise Schnattern der Enten am Bach. Irgendwo von weit her erklingt der anschwellende Gläserklang eines Servierwagens. Wenig später wird Jörg Sackmann in seinem Büro vor dem kulinarischen Tagebuch grübeln, wie schon zu Beginn dieser Geschichte.

Irgendwann wird er dann den Computer runterfahren, sich die Jacke überwerfen und hoch ins Dorf gehen zur Privatwohnung, die im Appartementhaus liegt. Es sind nur 300 Schritte, vorbei am Sägewerk und über die Bahngleise, mit denen alles anfing. Rechts am Weg dann das grüne Schild wie in einem Kurort. „Bitte Ruhe!" steht darauf. Er wird die klare Reizluft tief einatmen, die er zu schätzen weiß, seit er aus der Fremde nach Hause kam. Wenn er die Tür zum Appartement aufschließt, sind Nico und Daniel vielleicht noch wach und wollen ihn zu einer Vesper verführen. (Wahrscheinlich mit Laugenbrötchen, die er so gerne isst.) Manchmal sieht er im Türspalt gerade noch, wie Nico rasch die Blume vom Bier abschlürft. Es gibt Momente, da kommt die meiste Kraft einfach aus der Familie.

„JÖRG, KOCH’

Karottenwürfel mit Kabeljau und Korianderbrot
Kartoffelbällchen mit Trüffel und Kohlrabisalat
Praline von Entenkeulenmus mit kandierten Orangenzesten und Muscatgelee
Büffelmilchmozzarella-Kaltschale mit Basilikum und Chilitomate
Gazpacho mit Selleriepüree und Verracemuscheln
Croustade von Hummer mit mariniertem Kohl
Petoncle mit Pimento, Blumenkohl und Walnussöl-Marinade
Wolfsbarsch im Entenspeckmantel mit Kürbiskompott
Wachtelei auf gelierter Tomatenessenze mit Wassermelone
Feige mit Gänseleber und Apfelconfit
Auster im Champignon gebacken mit asiatischem Salat und schwarzem Kümmel
Tartar von Meeresfrüchten auf Currycotta mit Kaviar und gebackenem Reis
(von links oben nach rechts unten)

MIR GUT…“

VORSPEISEN

SALAT VON TASCHENKREBSEN MIT WALNÜSSEN, PETERSILIENGELEE UND KARTOFFELSTICKS

Für 4 Personen

TASCHENKREBS

1 großer Taschenkrebs, ca. 800–1000 g

TASCHENKREBS-SALAT MIT WALNUSSÖL-CONFIT

- 1/2 Gurke
- 10 Walnüsse
- 2 Ofentomaten (siehe Glossar)
- 1/2 Bund glatte Petersilie
- 2 Eigelbe
- 20 ml Noilly Prat
- 1/2 TL Dijon-Senf
- 400 ml Olivenöl
- 100 ml Walnussöl
- Salz, schwarzer Pfeffer
- 1 Prise Zucker
- 1 Spritzer Zitronensaft

PETERSILIENGELEE

- 200 g Zanderfilet
- 1 Tomate
- 2 Champignons
- 30 g Zwiebeln
- 30 g Lauch (nur das Weiße)
- 1 kleines Bund glatte Petersilie
- 2 Eiweiß
- 3 Pfefferkörner
- 1 Lorbeerblatt
- 1 geschälte Zitronenscheibe
- Salz
- Cayennepfeffer
- 50 ml Noilly Prat
- 20 ml Weißwein
- 700 ml Fischfond
- 5 Blatt Gelatine

TASCHENKREBS

Den Taschenkrebs in kochendes Wasser geben, 8 bis 10 Minuten ziehen lassen, herausnehmen, kalt abschrecken und das Fleisch aus den Schalen ausbrechen. Das große Scheren- und Gelenkfleisch und den Corail für die Einlage in ca. 5 cm lange und 2 mm breite Streifen schneiden.
Aus dem Panzer und den kleineren Gelenkteilen die Fleischstückchen herausschaben. Zusammen mit den Resten der zugeschnittenen Einlage für die Terrine und den Salat beiseite legen.

TASCHENKREBS-SALAT MIT WALNUSSÖL-CONFIT

Die Gurke schälen, halbieren und die Kerne entfernen. Die Walnüsse für ca. 5 Sekunden in heißes Wasser geben, herausnehmen und die Haut abziehen. Gurke und Tomaten in feine Streifen schneiden; die Nüsse und die gewaschene Petersilie fein hacken. Alles mit der Hälfte der kleineren Krebsfleisch- und Corailstückchen vermischen.
Eigelbe, Noilly Prat und Senf mit einem Stabmixer pürieren, dabei langsam die beiden Öle zugießen. Die Mayonnaise mit Salz, Pfeffer, Zucker und Zitronensaft abschmecken.
Den Salat mit 1 Esslöffel der schaumigen Mayonnaise mischen. Die restliche Mayonnaise wird zum Anrichten verwendet.

PETERSILIENGELEE

Das gut gekühlte Zanderfleisch klein schneiden. Tomate, Champignons, Zwiebel, Lauch und Petersilie küchenfertig vorbereiten und fein hacken. Einige schöne, große Petersilienblätter kurz in wenig kochendes Wasser geben, herausnehmen, kalt abschrecken und auf Küchenkrepp beiseite legen.
Alles mit dem Eiweiß, sämtlichen Gewürzen, Noilly Prat und Weißwein in einen Topf geben, den Fischfond zugießen, aufkochen und etwa 20 Minuten bei geringer Hitze zugedeckt ziehen lassen. Dann den Fond durch ein Sieb abgießen und auf 400 ml einkochen. Den Topf beiseite stellen. Die in wenig Wasser eingeweichte und gut ausgedrückte Gelatine zugeben, im warmen Fond auflösen und diesen mit Salz und Cayennepfeffer abschmecken
Eine Terrinenform von 400 ml Inhalt in eine mit Eiswasser gefüllte Form stellen, den Petersilienfond hineingießen und darin schwenken, so dass die Form innen gleichmäßig mit der Flüssigkeit überzogen ist; dann den Fond zurückgießen. Die Form, deren Wände nun mit Gelee überzogen sind, mit den blanchierten Petersilienblättern auslegen und beiseite stellen.

Für 4 Personen

TASCHENKREBS-MOUSSE

Das Taschenkrebs-Bisque erhitzen und 1/4 der zurückbehaltenen kleineren Krebsfleisch-Stückchen kurz darin ziehen lassen. Dann die eingeweichte und gut ausgedrückte Gelatine darin auflösen.
Die Masse mit einem Stabmixer pürieren, durch ein feinmaschiges Sieb streichen und über Eis kalt rühren. Mit Salz, Cayennepfeffer und Cognac abschmecken, die geschlagene Sahne unterheben und 2/3 dieser Mousse in der vorbereiteten Terrine glatt verstreichen. Bis zur weiteren Verwendung kalt stellen.

TASCHENKREBS-MOUSSE

- 120 g Taschenkrebs-Bisque (siehe Seite 109)
- 3 Blatt Gelatine
- Salz
- Cayennepfeffer
- 1 Spritzer Cognac
- 120 g Sahne

EINLAGE

Den Spinat kurz in kochendes Salzwasser geben, herausnehmen und in Eiswasser abschrecken. Die Spinatblätter auf einer Arbeitsplatte nebeneinander zu einem lang gezogenen Rechteck auslegen.
Die schön zugeschnittenen Taschenkrebs- und Corailstreifen nebeneinander im Wechsel in die Mitte der Spinatfläche auslegen und fest darin zu einer Rolle einschlagen. Die Rolle in die Terrinenform auf das Taschenkrebs-Mousse legen.
Das restliche Viertel Krebsfleischabschnitte mit der Hälfte des gelierenden Petersilienfonds mischen und um die Taschenkrebsrolle verteilen. Die restliche Mousse glatt darauf verstreichen. Die Terrinenform im Kühlschrank anziehen lassen.
Tomaten, Nüsse und Gurke küchenfertig vorbereiten, fein würfeln und mit dem restlichen Petersiliengelee mischen. Die Terrine mit dem Gemüse-Petersilien-Gelee auffüllen und etwa 8 Stunden durchkühlen.

EINLAGE

- 50 g Spinat
- Salz
- 2 Ofentomaten (siehe Glossar)
- 5 Walnüsse
- 1/2 geschälte und entkernte Gurke

KARTOFFELCHIPS

Die Kartoffeln waschen, schälen und in einem Entsafter entsaften – ergibt ca. 500 ml Flüssigkeit. Den Saft sirupartig einkochen und mit dem in 1 Esslöffel kaltem Wasser angerührten Stärkemehl binden. Die Flüssigkeit mit Salz, Cayennepfeffer und Muskat würzen.
Die Masse mit einer Palette gleichmäßig dünn auf einem mit Backpapier (besser ist eine Backmatte, siehe Glossar) ausgelegten Backblech ausstreichen. Im Backofen bei 100 °C in ca. 25 bis 30 Minuten trocknen lassen.
Die trockene, aber noch elastische Kartoffel-„Matte" ablösen, in lange, etwa 1,5 cm breite Streifen schneiden, wieder auf das Backblech legen und für ca. 1,5 bis 2 Stunden im Backofen bei 150 °C knusprig backen lassen. Die Streifen sind dann fertig, wenn sie sich zusammenrollen.

KARTOFFELCHIPS

- 1 1/2 kg Kartoffeln
- 1 EL Wasser
- 1/2 EL Stärkemehl
- Salz
- Cayennepfeffer
- 1 Prise Muskat

ANRICHTEN

Den Salat mit dem Krebsfleisch auf Tellern anrichten. Die Terrine aufschneiden, 2 Scheiben anlegen und mit den Kartoffelchips garnieren. Die restliche Mayonnaise noch einmal aufschlagen und den Salat mit den Terrinenscheiben damit beträufeln.

„Jörg Sackmann kam als Lehrling zu uns in die Traube Tonbach, wo er durch Fleiß, Talent und Zielstrebigkeit sofort auffiel. Er hat eine sehr kreative Handschrift, gepaart mit einem außergewöhnlichen Qualitätsdenken. Noch heute stehen wir gelegentlich gemeinsam in der Küche. Es ist, als wenn sich zwei Maler über Kunst unterhalten."

Harald Wohlfahrt

PRALINE VON JAKOBSMUSCHELN MIT KAVIAR IN CURRY-BONITO-SUD UND BANANEN-PIMENTO-RÖLLCHEN

Für 4 Personen

PRALINE VON DER JAKOBSMUSCHEL

Die Jakobsmuscheln aus der Schale brechen und gründlich unter fließendem Wasser säubern. Den Corail entfernen, er wird nicht benötigt. Das Muschelfleisch mit Küchenkrepp trockentupfen, in ca. 2 mm gleichmäßig dünne Streifen schneiden und mit Salz und etwas Zitronensaft würzen.

4 Eierbecher mit Klarsichtfolie auskleiden und mit wenig Olivenöl bestreichen. Die Eierbecher spiralförmig mit ca. 2/3 der Jakobsmuschel-Streifen auslegen, so dass eine Art Nest entsteht. Den Artischockenboden fein würfeln, in 10 Gramm heißer Butter anschwitzen, ca. 1 Minute garen, mit Salz und Pfeffer würzen, auskühlen lassen und mit dem Kaviar in die Mitte des Jakobsmuschel-Nestes geben. Mit den restlichen Muschelstreifen belegen, in der Folie rund formen und damit fest verschließen; für ca. 20 Minuten kühl stellen.

Kurz vor dem Servieren die restliche Butter in einer Pfanne erhitzen, die Päckchen aus der Folie herausnehmen, in die Pfanne setzen und für ca. 2 bis 3 Minuten bei 180 °C im vorgeheizten Backofen leicht angaren – die Jakobsmuscheln sollten noch halb roh sein.

PRALINE VON DER JAKOBSMUSCHEL

1 kg Jakobsmuscheln
in der Schale (6 – 8 Stück) oder
150 g reines Muschelfleisch
Salz
1 Spritzer Zitronensaft
Olivenöl zum Ausstreichen
1 Artischockenboden
30 g Butter
weißer Pfeffer
2 EL Beluga-Kaviar

BONITO-MARINADE

Alle Zutaten in einem Topf mischen, aufkochen und die Bonito-Marinade 30 Minuten ziehen lassen. Vor der weiteren Verwendung durch ein Sieb abgießen.

BONITO-MARINADE

200 ml Reisessig
2 EL Zucker
1 TL Salz
2 EL Bonito-Flocken
(siehe Glossar)
1 EL geschnittener Seetang
1 EL Sojasauce
1 Thymianzweig
weißer Pfeffer
1 Prise Koriander
2 Knoblauchzehen,
in der Schale angedrückt

CURRY-BONITO-SUD

Die Schalotten abziehen und fein würfeln. Die Butter erhitzen, die Schalotten darin anschwitzen, dann das Currypulver zugeben und mit Weißwein und Noilly Prat ablöschen. Etwas einkochen lassen.

Bonito-Marinade und Fischfond zugeben und bei starker Hitze auf 150 ml einkochen. Das Olivenöl mit einem Stabmixer in die Sauce einrühren und mit Cayennepfeffer würzen.

CURRY-BONITO-SUD

3 Schalotten
30 g Butter
1 Msp. Currypulver
40 ml Weißwein
20 ml Noilly Prat
150 ml Bonito-Marinade
(siehe oben)
100 ml Fischfond
3 EL Olivenöl
Cayennepfeffer

Für 4 Personen

LOTUSWURZELGEMÜSE

80 g Lotuswurzeln (siehe Glossar)
80 g Zucchini
50 g Ofentomaten (siehe Glossar)
20 ml Olivenöl
5 ml Estragonessig
10 g geriebener Ingwer
10 ml Sojasauce
Sansho-Pfeffer (siehe Glossar)
Salz
1 Prise Zucker

LOTUSWURZELGEMÜSE

Lotus und Zucchini küchenfertig vorbereiten und in dünne Scheibchen schneiden. Die Ofentomate in dünne Streifen schneiden.
Die Lotuswurzel im heißen Öl anbraten, die Zucchini zugeben und mit Essig ablöschen. Ingwer und Sojasauce zugeben und sirupartig einkochen lassen.
Zu Schluss die getrockneten Tomaten beigeben und mit Sansho-Pfeffer, Salz und Zucker abschmecken.

BANANEN-PIMENTO-RÖLLCHEN

3 rote Paprikaschoten
1 TL Olivenöl
Salz, weißer Pfeffer
30 ml Olivenöl
1 Msp. Currypulver
1 Msp. Paprikapulver
1 Tropfen Orangenöl
$^{1}/_{2}$ TL Zucker
2 Bananen
ca. 8 Scheiben Speck (z. B. Pancetta, 10 cm lang, 0,5 mm dick)
500 g Schweinenetz

BANANEN-PIMENTO-RÖLLCHEN

Die Paprika waschen, mit dem Olivenöl beträufeln und für 15 Minuten in den 160 °C vorgeheizten Backofen geben. Herausnehmen, halbieren, die Kerne und weißen Trennwände entfernen und die Haut abziehen. Die Hälften flach auslegen und mit Salz und Pfeffer würzen.
Olivenöl, Curry- und Paprikapulver, Orangenöl und Zucker miteinander vermischen.
Die Bananen schälen und quer halbieren. Die ca. 10 cm langen Hälften längs in Viertel schneiden und mit der Olivenöl-Gewürz-Marinade beträufeln.
Die Bananenviertel quer in die Paprikaschote einrollen, so dass die Paprika die Banane gerade umschließt. Aus einer Paprika erhält man ca. 2 bis 3 Bananen-Paprika-Röllchen.
Den Speck auslegen und die Bananen-Paprika-Röllchen fest darin mit 1,5 Umdrehungen einrollen. Die Röllchen in das Schweinenetz einschlagen, in der Pfanne anbraten und bei 180 °C ca. 7 Minuten im vorgeheizten Backofen garen. Herausnehmen und in Scheiben aufschneiden.

ANRICHTEN

Das Lotuswurzelgemüse in tiefen Tellern verteilen. Die Jakobsmuschel-Praline mit Kaviar darauf setzen, jeweils 2 Bananen-Pimento-Röllchen anlegen und mit dem Curry-Bonito-Sud beträufeln. Als Garnitur nehme ich einige ausgebackene Kartoffelchips.

TIPP

Frisch geriebener Ingwer ist besonders intensiv im Aroma. Ich reibe ein Stück Ingwer in der Schale durch eine feine Reibe und presse dann aus dem Abrieb den Saft direkt in das Gericht.

Für 4 Personen

HUMMER

2 Hummer à 500 g
Salz

HUMMER

Den Hummer kopfüber in kochendes Salzwasser geben und darin 4 Minuten garen. Herausnehmen, kalt abschrecken, das Hummerfleisch ausbrechen und beiseite legen. Die Innereien entfernen. Aus den Gelenken und dem Panzer sämtliche Fleischstückchen herauslösen.

MUSKATGELEE

1 1/2 Blatt Gelatine
100 ml Muskatwein

MUSKATGELEE

Die Gelatine in wenig kaltem Wasser einweichen und ausdrücken. Den Muskatwein leicht erwärmen und die Gelatine darin auflösen. In eine Porzellanschüssel gießen und erkalten lassen.

HUMMERMOUSSE

4 Blatt Gelatine
120 g Bisque
(siehe Seite 109)
200 g Sahne
Salz
Cayennepfeffer

HUMMERMOUSSE

Die Gelatine in wenig kaltem Wasser einweichen und ausdrücken.
Die Bisque mit den Hummergelenkfleisch-Stücken erwärmen und die Gelatine darin auflösen. Dann die Masse mit einem Stabmixer pürieren, durch ein Sieb streichen und über Eis kalt rühren.
Die Sahne steif schlagen und unter die Hummermasse ziehen. Mit Salz und Cayennepfeffer pikant abschmecken.

HUMMERTERRINE

4 grüne Zucchini
1 Kohlrabi
2 reife Mangos
Salz
6 dünn geschnittene
Scheiben Parmaschinken
400 g Hummermousse
100 ml Muskatgelee

HUMMERTERRINE

Zucchini, Kohlrabi und Mango küchenfertig vorbereiten und jeweils in ca. 1 mm dünne Scheiben schneiden. Zucchini und Kohlrabi kurz in kochendes Salzwasser geben, herausnehmen, kalt abschrecken und mit Küchenkrepp trockentupfen.
Eine Terrinenform mit Alufolie zum Abmessen auskleiden, die Folie wieder herausnehmen und auf einem Küchenbrett ausbreiten. Den Parmaschinken darauf nebeneinander auslegen und mit einer dünnen Schicht Hummermousse bestreichen.
Zucchini, Kohlrabi und Mango mit etwas Muskatgelee bepinseln und abwechselnd auf den Parmaschinken schichten. Abschließend auf der letzten Mangoschicht etwas Hummermousse dünn verstreichen und die Hummerschwänze und Scheren in der Mitte platzieren. Nun die Folie mit der Terrinenmasse zurück in die Form setzen und mit der restlichen Hummermousse bestreichen. Die Folie fest verschließen und die Terrine für ca. 2 Stunden kalt stellen.

HUMMERTERRINE MIT MELONE, MUSKATGELEE UND OLIVENMARINADE

Für 4 Personen

MELONENGELEE

5 Blatt Gelatine
1 reife Melone (z. B. Charentais)
300 ml Muskatwein

Die Gelatine in wenig kaltem Wasser einweichen und ausdrücken.
Die Melone schälen und das Fruchtfleisch in ca. 1 mm dünne Scheiben schneiden. Die Gelatine in wenig erwärmtem Wein in einem Topf auflösen – nicht kochen! Den restlichen Wein dazugeben und die Masse über Eis kalt rühren.
Die Masse in eine quadratische Form (ca. 8x8 cm) ca. 3 cm hoch einfüllen, eine Lage Melone darauf verteilen und das Gelee etwas fest werden lassen. Diesen Vorgang wiederholen, bis alle Zutaten aufgebraucht sind.

VANILLE-OLIVENÖL

3 Vanilleschoten
100 ml kalt gepresstes Olivenöl

Die Vanilleschoten der Länge nach aufschlitzen und das Mark herausschaben. Vanillemark und Schoten in das Olivenöl geben und beides in einem Einmachglas in einem Wasserbad auf ca. 70 °C erwärmen. 5 Minuten darin ziehen lassen, herausnehmen und auskühlen lassen.

SPARGELSPITZEN

20 Thai-Spargelspitzen
1 EL Olivenöl
Salz
1 Prise Zucker

Den Spargel putzen, die harten Enden abschneiden. Den Spargel im Olivenöl in ca. 2 Minuten leicht anschwitzen und mit etwas Salz und Zucker würzen.

ANRICHTEN

Die Hummerterrine mit einem scharfen Messer in ca. 1,5 cm dünne Scheiben aufschneiden und auf den Tellern platzieren. Das Melonengelee in Scheibchen oder kleine Würfel schneiden und dazugeben und mit Vanille-Olivenöl und den Spargelspitzen dekoriert servieren.

Für 4 Personen

PILZFOND

- 150 g Steinpilzabschnitte (z. B. Stielabschnitte, Schale etc.)
- 20 ml Olivenöl
- 20 ml roter Portwein
- 40 ml kräftiger Kalbsjus
- 200 ml Geflügelfond
- 1 Thymianzweig
- 2 Lorbeerblätter
- 1 TL Steinpilzpulver
- Salz
- Cayennepfeffer

Für den Fond die Steinpilzabschnitte in Olivenöl andünsten, mit dem Portwein ablöschen, den Kalbsjus zugeben und einkochen lassen. Mit dem Geflügelfond auffüllen, die Gewürze dazugeben, mit Salz und Cayennepfeffer würzen und 20 Minuten ziehen lassen.

KALBSBRIES

- 1 Thymianzweig
- 100 g geputztes Kalbsbries
- Salz, weißer Pfeffer
- etwas Butter
- 50 g blanchierter Spinat

Die Thymianblättchen vom Zweig abzupfen. Das Kalbsbries mit Thymianblättern, Salz und Pfeffer würzen. Auf eine gebutterte Alufolie geben und fest einrollen (Rollenlänge ca. 14 cm). Die Enden wie bei einem Bonbon zusammendrehen.

In einem breiten Topf ausreichend Wasser zum Kochen bringen, die Rolle einlegen, den Topf von der Herdplatte ziehen und die Rolle im Wasser ca. 7 bis 10 Minuten ziehen lassen. Dann herausnehmen und auskühlen lassen.

Den Spinat auf einem Tuch auslegen, die ausgekühlte und ausgewickelte Briesrolle darauf geben und in die Spinatblätter einwickeln.

OMELETTE MIT STEINPILZEN, KALBSBRIES UND RAHMSPINAT

Für 4 Personen

EINLAGE

140 g Steinpilze
40 ml Olivenöl
Salz, weißer Pfeffer
1 Spritzer Zitronensaft

OMELETTE

6 Eier
90 ml Pilzfond
Salz
1 TL Sojasauce
1 EL Portwein
1 Prise Steinpilzpulver
Cayennepfeffer
20 ml Olivenöl

STEINPILZBEILAGE

2 kleine Schalotten
320 g Steinpilze
40 g Butter
Salz, weißer Pfeffer
1 Spritzer Zitronensaft
1 EL frischer Kerbel

RAHMSPINAT

1 kg Blattspinat
Salz
300 g Crème double
weißer Pfeffer
1 Prise Muskat
1 Prise Steinpilzpulver
20 g gebräunte Butter

EINLAGE

Die Steinpilze in dünne Scheiben aufschneiden, im heißen Olivenöl von beiden Seiten goldbraun anbraten und mit Salz, Pfeffer und Zitronensaft würzen.

OMELETTE

Die Eier mit Pilzfond aufschlagen, mit den angegebenen Zutaten – außer dem Olivenöl – würzen und durch ein feinmaschiges Sieb streichen.

Das Olivenöl in einer eckigen Omelettepfanne (15 x 15 cm) erhitzen, $^1/_3$ der Eimasse eingießen und stocken lassen. $^1/_4$ der gebratenen Steinpilze nebeneinander darauf legen, die Kalbsbries-Spinat-Rolle darauf setzen und in das Omelette einrollen. Die Rolle schön zurechtschneiden. Ein weiteres Drittel Eimasse dünn in die Pfanne gießen, stocken lassen, mit den Steinpilzen belegen und die fertige Rolle in diese angestockte Eimasse einwickeln. Den Vorgang 3-mal wiederholen, bis die Roulade ca. 3 cm dick ist.

Die fertige Omeletteroulade für etwa 15 Minuten im 50 °C heißen Backofen warm stellen, damit sich das Pilzaroma gut entfalten kann.

STEINPILZBEILAGE

Die Schalotten abziehen und fein hacken. Zusammen mit den geputzten und geschnittenen Steinpilzen in der heißen Butter anbraten, würzen und den Kerbel untermischen.

RAHMSPINAT

Den geputzten und gewaschenen Spinat in Salzwasser kurz blanchieren, in Eiswasser abschrecken und gut abtropfen lassen.

Die Crème double auf eine Menge von 100 ml einkochen, den Spinat zugeben und mit dem Stabmixer pürieren. Mit Salz, Pfeffer, Muskat und Steinpilzpulver abschmecken. Zum Schluss die gebräunte Butter unterziehen.

ANRICHTEN

Den Rahmspinat auf Tellern verteilen und die aufgeschnittene Omeletteroulade darauf geben. Als Garnitur eignen sich Steinpilzchips.

SPECKEIS MIT KRUSTELN UND KARTOFFELMARINADE

Für 4 Personen

SPECKEIS

40 g Staudensellerie
30 g Lauch
(nur das Weiße)
60 g Zwiebeln
200 g Räucherspeck-
schwarte
200 g Räucherschinken
20 g Butter
1 Thymianzweig
6 zerdrückte
Pfefferkörner
1 Lorbeerblatt
600 g Sahne
250 ml Milch
250 ml Kalbs-
oder Geflügelfond
6 Eigelbe
Salz
schwarzer Pfeffer

KARTOFFELSCHAUM

½ Knoblauchzehe
50 g Zwiebelwürfel
20 g Butter
3 EL Estragonessig
1 Prise Zucker
100 g Kartoffelwürfel
1 l kräftiger Geflügelfond
2 EL Walnussöl
1 TL Dijon-Senf
1 Prise Muskat
Salz, weißer Pfeffer
Cayennepfeffer
4 EL Olivenöl

KRUSTELN

1 Kartoffel
4 Scheiben Speck
2 EL Olivenöl

SPECKEIS

Das Gemüse küchenfertig vorbereiten und in ca. 1 cm große Stücke schneiden. Räucherspeck und -schinken in 2 bis 3 cm große Würfel schneiden.
Die Butter erhitzen, das Gemüse darin leicht andünsten, dann den Räucherschinken dazugeben und hell anbraten lassen.
Die Gewürze zufügen, 500 Gramm Sahne, Milch und Fond zugießen und alles kurz miteinander aufkochen lassen. Bei geringer Hitze ca. 1,5 Stunden zugedeckt ziehen lassen.
Die Flüssigkeit durch ein Sieb abgießen.
Die restliche Sahne mit den Eigelben verquirlen und zur abgegossenen Flüssigkeit dazugeben. Diese nochmals erwärmen – nicht kochen! – und erneut durch ein feinmaschiges Sieb abgießen. Mit wenig Salz und Pfeffer abschmecken. Die Masse in der Eismaschine zu einem cremigen Eis gefrieren lassen.

KARTOFFELSCHAUM

Knoblauch und Zwiebeln in der heißen Butter anschwitzen. Mit Estragonessig ablöschen, etwas Zucker zugeben und die Flüssigkeit vollständig einkochen lassen.
Die Kartoffelwürfel im Geflügelfond in ca. 10 Minuten weich kochen.
Kartoffeln und Zwiebelmasse in eine Schüssel geben, mit einem Stabmixer fein pürieren, dabei das Walnussöl zugießen und den Dijonsenf zugeben. Dann durch ein feines Sieb streichen.
Den warmen Kartoffelschaum pikant würzen und mit Olivenöl verfeinern.

KRUSTELN

Die Kartoffel waschen, schälen und in kleine Würfel schneiden. Den Speck ebenfalls sehr fein würfeln.
Das Olivenöl erhitzen, den Speck darin auslassen, dann die Kartoffeln dazugeben und alles knusprig bräunen lassen. Speck und Kartoffelwürfel auf Küchenkrepp abtropfen lassen.

ANRICHTEN

Den geschäumten Kartoffelschaum auf Tellern anrichten, jeweils 1 Nocke Speckeis obenauf setzen und mit den Speck- und Kartoffelkrusteln dekorieren. Ich lege auch noch eine Kartoffelspirale dazu.

Für 4 Personen

GÄNSELEBERPARFAIT

Die Gänseleber von Haut und Adern befreien, in eine Schüssel geben und die Haut und Adern durch ein feinmaschiges Sieb dazustreichen. Das gesamte Gänseleber leicht salzen und pfeffern und mit Zucker und Muskat würzen. Die Alkoholika darüber gießen und über Nacht ziehen lassen.
Eine kleine ofenfeste Terrine mit den Speckscheiben dünn auslegen, die Gänseleber glatt darauf verstreichen, etwas eindrücken und die Form mit einem Deckel verschließen.
Die Terrine in ein heißes Wasserbad stellen und den Backofen auf 160 °C vorheizen. Den Ofen ausschalten und die Terrine darin 10 bis 15 Minuten garen. Herausnehmen, auskühlen lassen und im Kühlschrank fest werden lassen.

GÄNSELEBERPARFAIT

500 g Gänseleber
Salz, weißer Pfeffer
1 Prise Zucker
1 Prise Muskat
20 ml weißer Portwein
20 ml Noilly Prat
20 ml Armagnac
oder Cognac
10 ml Madeira
200 g grüner Speck
(ca. 10 Scheiben)

MAS-AMIEL-GELEE

Die Weine etwas einkochen lassen, sämtliche weiteren Zutaten zugeben und 20 Minuten zugedeckt bei geringer Hitze ziehen lassen. Die Reduktion durch ein Sieb abgießen.
Ergibt ca. 550 ml.

MAS-AMIEL-GELEE

500 ml Merlot
(z. B. Côtes du Roussillon)
200 ml Mas Amiel
oder Banyuls
80 ml roter Portwein
1 Msp. Feigensenf
1 TL Cassispüree
50 ml Cassislikör
3 Pimentkörner
2 Prisen Koriander
Salz, weißer Pfeffer

GÄNSELEBERPARFAIT

Die Gänseleber in 12 Scheiben von ca. 8 mm Stärke aufschneiden. Eine dreieckige Terrinenform mit Klarsichtfolie auskleiden und die schrägen Seiten mit $^2/_3$ der Gänseleberscheiben belegen. Die Nahtstellen glatt verstreichen.
6 Blatt Gelatine in wenig kaltem Wasser einweichen und ausdrücken. Die Feigen schälen und vierteln.
200 ml der Mas-Amiel-Reduktion erwärmen und die 6 Gelatineblätter darin auflösen. Das Gelee kalt rühren und kurz vorm Anstocken die Feigenviertel zugeben. Die fast ausgekühlte Masse in die mit Gänseleber ausgelegte Terrine einfüllen und gelieren lassen. Dann die Terrine mit den restlichen Gänseleberscheiben abdecken und in ca. 2 Stunden gut durchkühlen lassen.
Ein Blech mit Klarsichtfolie auslegen. Die restliche Gelatine ebenfalls einweichen, ausdrücken und in 300 ml der Mas-Amiel-Reduktion auflösen. Die Flüssigkeit dünn auf das Blech gießen und gelieren lassen. Die fest gewordene Geleematte lässt sich leicht von der Folie ablösen.
Die Terrine stürzen, mit dem restlichen Mas-Amiel-Gelee bepinseln und mit der Geleematte ummanteln.

GÄNSELEBERPARFAIT

11 Blatt Gelatine
8 Feigen

FASANENBRUST MIT FEIGEN, GÄNSELEBERPARFAIT UND MAS-AMIEL-GELEE

Für 4 Personen

FASANENBRUST

1 Fasanenbrust, 180 – 200 g
Salz, weißer Pfeffer
1 Spritzer Cognac
1 Spritzer roter Portwein
5 getrocknete eingelegte Feigen
200 g Schweinenetz
50 g Butter

FASANENBRUST

Die Fasanenbrust häuten, schräg in 3 Teile schneiden und jedes Stück zwischen Klarsichtfolie flach drücken. Mit Salz, Pfeffer, Cognac und Portwein würzen. Die Mitte der Fasanenbruststücke der Länge nach einschneiden.
Die eingelegten Feigen vierteln und in den Einschnitten der Fasanenbruststücke verteilen.
Die Bruststückchen mit Hilfe der Folie fest einrollen, ohne Folie in das Schweinenetz geben und darin fest einrollen.
Die Rollen im vorgeheizten Backofen bei 180 °C ca. 3 Minuten in der heißen Butter braten.

FEIGENSALAT

8 Feigen
40 ml Merlot
(z. B. Côtes du Roussillon)
20 ml roter Portwein
20 ml Mas Amiel
10 ml Feigenessig
10 ml Cassislikör
2 EL Cassispüree
1 EL Traubenkernöl
1 Msp. Feigensenf
Salz, weißer Pfeffer

FEIGENSALAT

Die Feigen putzen und klein würfeln. 3 Feigen mit einem Stabmixer pürieren. Die restlichen Zutaten zugeben und miteinander zu einer Marinade vermischen. Die Feigenwürfel in die Marinade geben.

ANRICHTEN

Das Gänseleberparfait mit einem scharfen Messer aufschneiden und auf Tellern anrichten.
Die gebratene Fasanenbrust in Scheiben aufschneiden und dazulegen. Die marinierten Feigen und das in Streifen geschnittene Mas-Amiel-Gelee dazugeben.
Ich dekoriere die Teller mit einem Filo-Teig-Körbchen, in das ich den Feigensalat gebe; außerdem forme ich aus übrig gebliebener Gänseleber kleine Kugeln, die in Trüffelspänen gewälzt werden.

GURKEN-CARPACCIO MIT FLUSSKREBSEN UND SENFKÖRNER-VINAIGRETTE

Für 4 Personen

FLUSSKREBSE

900 g Flusskrebse

Die Flusskrebse ca. 2 Minuten in kochendes Wasser geben, mit einer Schaumkelle herausheben, kalt abschrecken und aufbrechen. Das Flusskrebsfleisch abtropfen lassen.

GURKEN-CARPACCIO

2 Salatgurken, ca. 1,2 kg
Salz
weißer Pfeffer
100 g Forellenfilet
1 Spritzer Zitronensaft
Cayennepfeffer
100 g Sahne
3 Tomaten
1 kleines Bund Dill
1 Spritzer Pernod
Öl für die Folie

Die Gurken schälen, die Enden abschneiden und das Kerngehäuse mit einem dünnen Kochlöffelstiel herausdrücken, so dass die Gurken nicht beschädigt werden. Mit Salz und Pfeffer würzen.
Das Forellenfilet gut kühlen, mit Salz, Zitronensaft und Cayennepfeffer würzen, in eine Küchenmaschine geben und zusammen mit der eiskalten Sahne pürieren. Die Masse durch ein feinmaschiges Sieb streichen.
Die Tomaten häuten, halbieren, die Kerne entfernen und die Hälften vierteln. Den Dill waschen, trockenschütteln und fein hacken; die Stiele beiseite legen.
100 Gramm Flusskrebsfleisch halbieren. Mit den Tomatenachteln zur Farce geben, mit Salz, Cayennepfeffer und wenig Pernod abschmecken. 1 Teelöffel Dill untermengen.
Die Farce in einen Spritzbeutel geben und die Gurke damit füllen. Die Gurken jeweils auf eine leicht geölte Alufolie legen, mit Dillstielen rundum belegen, einrollen und die Folienenden gut verschließen. In kochendes Wasser legen und 10 bis 15 Minuten darin ziehen lassen.

VINAIGRETTE

3 EL Senfkörner (15 g)
1 EL Zitronensaft
4 EL Traubenkernöl
1 Msp. Dijon-Senf
1 TL Moutard-de-Meaux-Senf
2 EL Senfkörnerfond
(vom zweiten Blanchieren)
Salz, weißer Pfeffer
1 Prise Zucker

Für die Vinaigrette die Senfkörner in kochendem Wasser zweimal blanchieren, mit den übrigen Zutaten verrühren und 6 Stunden ziehen lassen. Die Senfkörner werden schön weich und geben mehr Aroma ab, wenn sie länger eingelegt sind.

ANRICHTEN

Die abgekühlten Gurken in dünne Scheiben schneiden und auf den Tellern platzieren.
Die restlichen Flusskrebse in dünne Scheiben aufschneiden und um die Gurken verteilen.
Mit der Vinaigrette beträufeln und servieren.

TIPP

Anstelle der Krebse kann auch mit Ofentomaten garniert werden.

Für 4 Personen

SAVARIN

150 g Zanderfilet
50 g Räucheraal, ohne Haut und Gräten
30 g frisches Weißbrot
200 g Sahne
50 ml Crème fraîche
2 Eigelbe
Salz, weißer Pfeffer
1 Prise Koriander
20 g Butter für die Ringe
30 g gekochte Spaghetti

Außerdem:
4 Ringe von 6 cm Ø und 3,5 cm Höhe

AALSCHAUM

120 ml Fischfond
40 ml trockener Weißwein
20 ml Noilly Prat
150 ml Crème double
50 g Räucheraalwürfel
10 g Butter
Salz
Cayennepfeffer
1 Spritzer Zitronensaft
50 ml Sekt
1 EL geschlagene Sahne

PHYSALIS-ORANGEN-KOMPOTT

10 Physalis
5 Kumquats
1 EL Zucker
100 ml Muskatwein
100 ml Orangensaft
1 Msp. Safran
1 Thymianzweig
1 Rosmarinzweig
1 Sternanis

SAVARIN

Zander und Räucheraal grob würfeln und mit dem Weißbrot, der Hälfte der Sahne, Crème fraîche und den Eigelben zu einer glatten Masse vermischen. Würzen und für ca. 20 Minuten in den Kühlschrank stellen.
Die Masse in einer Küchenmaschine fein pürieren, durch ein feinmaschiges Sieb streichen, auf Eis stellen und mit der restlichen Sahne aufschlagen.
Die Ringe mit der Butter ausstreichen. Die Spaghetti spiralförmig an den Ringwänden einlegen. Die Farce vorsichtig ca. 0,5 cm dick darauf streichen. Den Ring mit Folie abdecken, auf ein Blech setzen, etwas Fischfond dazugießen (maximal 0,5 cm hoch) und im vorgeheizten Backofen bei 90 °C in 15 bis 20 Minuten garen.

AALSCHAUM

Fischfond, Weißwein und Noilly Prat auf 1/3 der Flüssigkeitsmenge einkochen. Dann die Crème double einrühren und alles 20 Minuten bei geringer Hitze zugedeckt köcheln lassen. Die Flüssigkeit samt gewürfeltem Aal und Butter mit einem Stabmixer pürieren; mit Salz, Cayennepfeffer und Zitronensaft abschmecken. Den Sekt einrühren und die geschlagene Sahne unterziehen.

PHYSALIS-ORANGEN-KOMPOTT

Die Physalis waschen und achteln. Die Kumquats waschen, halbieren und entkernen. Die Hälften vierteln und kurz in wenig kochendem Wasser blanchieren.
Den Zucker in einem Topf karamellisieren lassen und mit Muskatwein und Orangensaft ablöschen. Alle Gewürze zugeben und die Flüssigkeit sirupartig einkochen lassen; dann durch ein feinmaschiges Sieb abgießen.
Physalis und Kumquats in dem Sirup ca. 30 Minuten ziehen lassen.

BRANDADE VOM RÄUCHERAAL MIT PHYSALIS-ORANGEN-KOMPOTT UND BRONZEFENCHELKRAUT

Für 4 Personen

AAL-BRANDADE

100 g Kartoffeln
120 g Sahne
1 Knoblauchzehe
1 Rosmarinzweig
1 Thymianzweig
1 Lorbeerblatt
100 g Räucheraal
10 g Butterflöckchen

Kartoffeln waschen und schälen. Zusammen mit 100 Gramm Sahne, der zerdrückten ganzen Knoblauchzehe und den Kräutern in ca. 10 Minuten weich kochen.
Den Aal würfeln, zugeben und weitere 10 Minuten bei geringer Hitze ziehen lassen.
Die Masse durch ein feinmaschiges Sieb streichen. Die restliche Sahne steif schlagen und zusammen mit der Butter unter die Aal-Brandade ziehen.

AAL-TEMPURA

25 g Mehl
25 g Stärkemehl
1 Prise Backpulver
20 ml Weißwein
20 ml Wasser
Salz, weißer Pfeffer
180 g Räucheraal
Mehl zum Bestäuben
300 ml Frittieröl

Mehl, Stärkemehl und Backpulver vermischen. Weißwein und Wasser mit einem Mixgerät unterrühren und den Teig mit Salz und Pfeffer würzen.
80 Gramm Aal in 4 gleich große Stücke teilen, mit etwas Mehl bestäuben und durch den Teig ziehen. Im 180 °C heißen Frittieröl knusprig in ca. 1 bis 2 Minuten ausbacken und auf Küchenkrepp abtropfen lassen; bei Bedarf nachwürzen.
Den restlichen Räucheraal in dünne Scheiben aufschneiden.

ANRICHTEN

Die Ringe in der Mitte des Tellers platzieren und abziehen. Das mit Farce bestrichene, aber ansonsten hohle Spaghetti-Türmchen mit der Aal-Brandade füllen. Die Aal-Tempura darauf setzen und die Räucheraal-Scheiben anlegen. Mit dem Physalis-Orangen-Kompott garnieren und dem Räucheraal-Schaum umgießen.
Als Garnitur bieten sich farbliche Akzente an: Ich habe deswegen einen Salat aus Wiesenkräutern, einige Orangenchips und Rote-Bete-Sticks dazugelegt.

„Jörg Sackmann war einer meiner liebsten Jungs in der Küche. Wir haben im Brenner´s Parkhotel sehr viel Bankett gehabt.
Er lernte sehr schnell, sich zu organisieren, die Sachen mit Stil auf einmal rauszubringen. Mir fiel auf, dass er alles hinterfragte und wie ein Schwamm aufsog.
Ich denke, er ist ein Kochfanatiker im allerbesten Sinne.“

Albert Kellner

Für 4 Personen

THUNFISCHSPIESS

1 rote Paprikaschote
1 gelbe Paprikaschote
2 EL Olivenöl
200 g roter Thunfisch
Salz, weißer Pfeffer
1 Spritzer Zitronensaft
8 schwarze halbierte Oliven
8 gekochte Verracemuscheln
1 Bund Basilikum

Außerdem:
4 Grillspieße

PINIENKERNMARINADE

80 g Schalotten
150 ml Olivenöl
1 EL Zucker
1 Thymianzweig
2 Knoblauchzehen, in der Schale angedrückt
80 ml Bonito-Marinade (siehe Seite 44)
50 ml weißer Balsamico-Essig
150 ml Fischessenz
20 g Pinienkerne geröstet
15 g Korinthen
Salz
Cayennepfeffer
1 Spritzer Zitronensaft

THUNFISCHSPIESS

Die Paprikaschoten waschen, auf ein Backblech legen, mit dem Olivenöl beträufeln und im vorgeheizten Backofen bei 150 °C ca. 12 Minuten garen lassen. Herausnehmen, die Haut abziehen, die Schoten halbieren und Kerne und weiße Innenhäute entfernen. Das Fruchtfleisch in längliche Dreiecke mit einer Kantenlänge von ca. 4 cm schneiden.
Den Thunfisch längs in 8 dünne Scheiben von ca. 3,5 cm Breite und 8 cm Länge schneiden. Jeweils 2 Scheiben hintereinander legen und mit Salz, Pfeffer und Zitronensaft würzen. Auf die vordere Scheibe die roten und gelben Paprikadreiecke legen, die halbierten Oliven und Verracemuscheln darauf geben und obenauf jeweils 1 Basilikumblatt legen. Die Thunfischscheiben zu einer Schnecke einrollen und mit dem Grillspieß befestigen.

PINIENKERNMARINADE

Die Schalotten abziehen, in feine Streifen schneiden und kurz in kochendes Wasser geben. Das Olivenöl erhitzen, die Schalotten darin anschwitzen, den Zucker dazugeben und etwas karamellisieren lassen.
Thymian, Knoblauchzehen und Bonitomarinade zugeben und aufkochen lassen. Balsamico, Fischessenz, Pinienkerne und Korinthen zufügen und nochmals kurz erhitzen. Mit Salz, Cayennepfeffer und Zitronensaft würzen.
Die Marinade ca. 1 Stunde ziehen lassen.

THUNFISCHSPIESS IN PINIENKERNMARINADE MIT KORINTHEN, WEISSEM BOHNENPÜREE UND ZWIEBELFLAMMKUCHEN

Für 4 Personen

WEISSES BOHNENPÜREE

Die Butter in einer Pfanne erhitzen. Die Schalotten darin glasig anschwitzen, dann Bohnen, Kartoffeln, Sellerie und Äpfel zugeben und mit dem Fond ablöschen. Thymian und Lorbeer zugeben und die Flüssigkeit vollständig einkochen lassen.
Die Sahne und Crème fraîche zugießen und auf 1/3 der Flüssigkeitsmenge einkochen lassen. Mit Salz, Pfeffer und Muskat würzen und mit einem Stabmixer fein pürieren, dabei das Olivenöl zugießen; anschließend durch ein feinmaschiges Sieb streichen.
Das fertige Püree mit Estragonessig abrunden und bei Bedarf nachwürzen.

WEISSES BOHNENPÜREE

40 g Butter
50 g Schalottenwürfel
100 g weiße geschälte Bohnen (Flagolets)
100 g Kartoffelwürfel
30 g Selleriewürfel
50 g Granny-Smith-Äpfel-Würfel
250 g Fischfond
1 Thymianzweig
1 Lorbeerblatt
100 g Sahne
50 g Crème fraîche
Salz, schwarzer Pfeffer
1 Prise Muskat
20 ml Olivenöl
1 Spritzer Estragonessig

ZWIEBELFLAMMKUCHEN

Mehl und Stärkemehl mischen. Die Sahne halbsteif schlagen, vorsichtig unterziehen und alles mit Salz, Pfeffer und Muskat würzen.
Ein Blech mit etwas Butter einfetten und mit Mehl bestäuben. Den Teig dünn mit einer 7 cm langen und 2 cm breiten Schablone auf das Blech aufstreichen. Den Teig kalt stellen.
Inzwischen den Zucker in einem Topf schmelzen lassen, die Schalotten darin wenden, ein paar Tropfen Wasser zugeben und die Schalotten karamellisieren lassen.
Den Teig mit den karamellisierten Schalotten, den Korinthen, getrockneten Tomaten und Pinienkernen belegen. Im vorgeheizten Backofen bei 180 °C in ca. 5 bis 7 Minuten goldbraun backen. Herausnehmen, leicht abkühlen lassen und auf eine kalte Platte setzen – so zieht der Teig an und der Flammkuchen wird knusprig.

ZWIEBELFLAMMKUCHEN

25 g Mehl
25 g Stärkemehl
125 g Sahne
Salz, weißer Pfeffer
1 Prise Muskat
Butter für das Blech
Mehl für das Blech
10 g Zucker
50 g Schalottenringe
30 g Korinthen
50 g getrocknete Ofentomaten-Streifen (siehe Glossar)
30 g Pinienkerne

ANRICHTEN

Zuerst das Bohnenpüree in den Teller geben. Den Thunfischspieß darauf setzen und mit Pinienmarinade beträufeln. Den Zwiebelflammkuchen anlegen.

SUPPEN

ZWIEBELSUPPE MIT TRÜFFELN UND KARTOFFELCREME

Für 4 Personen

ZWIEBELSUPPE

200 g Schalotten
2 EL Olivenöl
1 Thymianzweig
1 Lorbeerblatt
4 cl Portwein
4 cl Madeira
2 cl Cognac
50 ml Trüffelsaft
1 l kräftiger Geflügelfond
Salz, schwarzer Pfeffer
1 Trüffel, ca. 80 g

KARTOFFELCREME

200 g Kartoffeln
40 ml weißer Portwein
1 Thymianzweig
30 ml Trüffelsaft
300 g Sahne
Salz, schwarzer Pfeffer
1 Prise Muskat

IN TEMPURA GEBACKENE WACHTELEIER

4 Wachteleier
Mehl zum Wenden
500 ml Frittieröl
100 g Mehl
60 g Speisestärke
150 ml Sake
10 EL Öl
1 Prise Salz
100 ml Eiswasser
1 Prise Backpulver

GARNITUR

10 cm Baguette
80 g Butter

ZWIEBELSUPPE

Die Schalotten abziehen, in dünne Ringe schneiden, mit warmem Wasser abwaschen und im heißen Olivenöl farblos anschwitzen.
Thymian und Lorbeer zugeben und mit den Alkoholika ablöschen. Den Trüffelsaft zugeben und etwas einkochen lassen. Den Geflügelfond zugießen, noch einmal aufkochen lassen und würzen.
Vor dem Servieren die Trüffel nach Belieben in die Suppe hobeln.

KARTOFFELCREME

Die Kartoffeln in der Schale weich kochen, abgießen, pellen und durch eine Kartoffelpresse drücken.
Den Portwein mit dem Thymianzweig aufkochen lassen, etwas einkochen und mit dem Kartoffelbrei vermischen. Den Trüffelsaft zugeben, die Sahne einrühren und würzen.
Die Masse durch ein Sieb streichen, erwärmen – nicht kochen! – und in den ISI-Spender füllen.

IN TEMPURA GEBACKENE WACHTELEIER

Die Eier 1 Minute und 40 Sekunden in kochendes Wasser geben; herausheben, kalt abschrecken und pellen.
Die Teigzutaten miteinander verrühren und mit einem Schneebesen zu einem glatten Teig verarbeiten.
Die Eier im Mehl wenden, durch den Teig ziehen und im 160 °C heißen Frittieröl in 1 bis 2 Minuten ausbacken. Auf Küchenkrepp abtropfen lassen.

GARNITUR

Das Baguette kurz anfrieren, sehr dünn aufschneiden und in der heißen Butter auf beiden Seiten goldbraun braten. Auf Küchenkrepp abtropfen lassen und würzen.

ANRICHTEN

Die Suppe in ein hitzefestes Gläschen füllen, den Kartoffelespuma zugeben und mit gehobelter Trüffel garnieren. Die Baguettescheiben auf die Suppe setzen und die gebackenen Eier darauf platzieren.

ESSENZ VON LOTUSWURZELN MIT MEERWOLF

Für 4 Personen

WURZELSUD

300 g Lotuswurzeln (siehe Glossar)
30 g Staudensellerie
70 g Schalotten
40 g Zitronengras
2 Knoblauchzehen
2 EL Olivenöl
2 Lorbeerblätter
1 EL Korianderkörner
150 g Sake (Reiswein)
1 1/2 l kräftiger Fischfond
Salz
1 Spritzer Zitronensaft
1 EL Ingwersaft
1 TL Sesamöl
200 ml salzarme Sojasauce
1 Prise Sansho-Pfeffer (siehe Glossar)
1/2 EL geriebener Ingwer

ZUM KLÄREN

300 g Kabeljaufilet
200 g Schalotten
100 g Staudensellerie
100 g Lauch
2 Eiweiß
Salz
200 g Eiswürfel

EINLAGE

120 g Lotuswurzeln (siehe Glossar)
4 Enoki-Pilze
12 Kaiserschoten
20 g Butter
Salz

WEISSES NUDELGITTER

60 g Mehl
20 g Hartweizengrieß
3 Eigelbe
Salz

SCHWARZES NUDELGITTER

60 g Mehl
20 g Hartweizengrieß
2 Eigelbe
2 Pck. Pulpo-Tinte à 5 g
Salz
Mehl für die Arbeitsfläche

MEERWOLF

400 g Meerwolffilet mit Haut
50 g Butter

WURZELSUD

Lotuswurzel, Schalotten und Staudensellerie küchenfertig vorbereiten und würfeln.
Das Zitronengras in feine Ringe schneiden, den Knoblauch abziehen und grob würfeln.
Das Olivenöl in einem Topf erhitzen und das Gemüse samt Zitronengras, Knoblauch, Lorbeer und Koriander anschwitzen. Mit Sake ablöschen und den Fischfond zugießen. Den Sud zugedeckt bei geringer Hitze ca. 1 Stunde ziehen lassen. Dann mit Salz, Zitronensaft und Ingwersaft würzen. Die Flüssigkeit durch ein feinmaschiges Sieb abgießen und erkalten lassen.

ZUM KLÄREN

Den Fisch grob mixen. Das Gemüse küchenfertig vorbereiten und fein würfeln. Die Eiweißmasse mit einem Schneebesen leicht aufschlagen.
Sämtliche Zutaten mit den Eiswürfeln vermischen, in den kalten Wurzelsud geben und unter ständigem Rühren aufkochen; ca. 30 Minuten ziehen lassen. Die Flüssigkeit vorsichtig durch ein Sieb abgießen, dabei aufpassen, dass sich das Eiweiß mit den gebundenen Trübstoffen nicht auflöst.
Den Sud mit Sesamöl, Sojasauce, Sansho-Pfeffer und dem geriebenen Ingwer abschmecken.

EINLAGE

Sämtliches Gemüse putzen und waschen. Die Lotuswurzel in Scheiben schneiden und zusammen mit den Enoki-Pilzen in der heißen Butter anbraten; mit etwas Salz würzen. Die Kaiserschoten in dünne Streifen schneiden und in wenig kochendes Wasser geben; dann herausnehmen und kalt abschrecken. Lotuswurzel, Pilze und Kaiserschoten im Wurzelsud erhitzen.

NUDELGITTER

Die Zutaten der beiden Teige getrennt voneinander verarbeiten und, jeweils in Folie gepackt, 1 Stunde ruhen lassen.
Die beiden Teigsorten auf einer wenig bemehlten Arbeitsfläche jeweils ca. 1 mm dünn ausrollen. Aus den Teigen jeweils 8 ca. 20 cm lange und 1 cm dicke Streifen ausschneiden.
In einem großen Topf ausreichend Salzwasser aufkochen lassen, die Nudelstreifen hineingeben, kurz garen, mit einem Schaumlöffel herausnehmen und in Eiswasser abschrecken.
Aus den elastischen Streifen ein Gitter flechten, so dass sich helle und dunkle Nudeln abwechseln. Das Gitter auf der Arbeitsfläche glatt streichen und daraus Quadrate von ca. 6 cm Kantenlänge ausschneiden. Diese vor dem Anrichten kurz im geklärten Wurzelsud erwärmen.

MEERWOLF

Das Meerwolffilet der Breite nach in 1 cm dicke Streifen schneiden. Die Hautseite einritzen.
Die Streifen zu einem Ring zusammenrollen und mit jeweils 1 Zahnstocher befestigen.
Die Butter in einer beschichteten Pfanne erhitzen und die Meerwolfringe auf der Hautseite knusprig goldbraun braten. Wenden, die Pfanne vom Herd nehmen und den Fisch darin nachgaren lassen.

BÄRLAUCHSUD MIT LAMMKÜCHLE UND ORANGENTOMATEN

Für 4 Personen

LAMMFOND

Die Lammknochen im heißen Olivenöl von allen Seiten anrösten und bei 200 °C ca. 20 Minuten in den vorgeheizten Backofen geben.
Inzwischen sämtliche Gemüse und Kräuter küchenfertig vorbereiten und klein schneiden.
Sobald die Knochen eine schöne Farbe angenommen haben, das Tomatenmark dazugeben und ebenfalls anrösten lassen. Dann das Gemüse, die Kräuter und Pfefferkörner zugeben.
Ca. 100 ml Rotwein dazugießen und einkochen lassen. Diesen Vorgang weitere 2-mal wiederholen, bis der Rotwein aufgebraucht ist. Den Geflügelfond zugeben und die Knochen ca. 2 Stunden bei geringer Hitze zugedeckt darin ziehen lassen. Zum Schluss leicht mit Salz und Pfeffer würzen.

LAMMFOND

- 2 kg gehackte Lammknochen
- 5 EL Olivenöl
- 200 g Zwiebeln
- 100 g Karotten
- 100 g Staudensellerie
- 100 g Champignons
- 1 Knolle Knoblauch
- 2 Thymianzweige
- 2 kleine Rosmarinzweige
- 2 Lorbeerblätter
- 2 EL Tomatenmark
- 10 schwarze Pfefferkörner
- 300 ml Rotwein
- 2 1/2 l Wasser oder Geflügelfond
- Salz, schwarzer Pfeffer

ZUM KLÄREN

Den Lammfond durch ein Sieb abgießen und auskühlen lassen – benötigt wird eine Menge von ca. 1,2 l.
Sämtliche Gemüse und Kräuter küchenfertig zubereiten und zerkleinern.
Das Eiweiß mit den Lammabschnitten, Gemüse, Kräutern und Gewürzen zum Lammfond geben, diesen langsam aufkochen lassen, bis der Fond klar geworden ist.
30 Minuten bei geringer Hitze ziehen lassen und vorsichtig durch ein feinmaschiges Sieb abgießen. Das Eiweiß bindet die Trübstoffe aus der Suppe. Man benötigt 800 ml Flüssigkeit.

ZUM KLÄREN

- 100 g Zwiebeln
- 100 g Staudensellerie
- 100 g Champignons
- 3 Knoblauchzehen
- 1 Thymianzweig
- 1 Rosmarinzweig
- 1 Lorbeerblatt
- 5 Pfefferkörner
- 100 g Lammabschnitte
- 2 Eiweiß
- 1 Prise Salz

BÄRLAUCH-PESTO

Alle Zutaten mit einem Stabmixer fein pürieren.

BÄRLAUCH-PESTO

- 90 ml Olivenöl
- 15 g Pinienkerne
- 12 g Parmesan
- 75 g Bärlauch
- 2 g Meersalz

LAMMKÜCHLE

Die Lammschulter von Fett und Sehnen befreien, mit Senf, Salz und Pfeffer würzen, grob würfeln und durch die mittlere Scheibe des Fleischwolfs drehen.
Den Artischockenboden in wenig Wasser weich kochen und klein würfeln. Die Knoblauchzehe abziehen und durchpressen. Die Zucchini waschen, würfeln und in 1 Esslöffel Öl kurz anbraten. Die Tomate häuten und klein würfeln.
Die Thymian-Blättchen abzupfen. Das Ei 8 Minuten kochen, kalt abschrecken, pellen und würfeln. Die Weißbrotwürfel im restlichen Olivenöl anrösten, herausnehmen und auf Küchenkrepp abtropfen lassen.
Alle Zutaten gut miteinander vermischen und mit Salz, Pfeffer, Thymian, Bärlauch, Senf und saurer Sahne würzen. Aus dem Fleischteig kleine Küchlein von ca. 60 Gramm formen und diese in der heißen Butter von allen Seiten in ca. 2 bis 3 Minuten braten.

LAMMKÜCHLE

- 200 g Lammschulter
- 1 EL Senf
- Salz, schwarzer Pfeffer
- 1 kleiner Artischockenboden
- 1 Knoblauchzehe
- 50 g Zucchini
- 2 EL Olivenöl
- 1 Tomate
- 50 g rote, geschälte Paprikawürfel
- 1 Thymianzweig
- 1 Ei
- 15 g Weißbrotwürfel
- 1 EL gehackter Bärlauch
- 1 TL Moutard-de-Meaux-Senf
- 2 EL saure Sahne oder Crème fraîche
- 30 g Butter

Für 4 Personen

KARTOFFELPÜREE

3 Toastbrotscheiben, ca. 3 mm dick
100 g Kartoffeln
15 g gebräunte Butter
20 g Sahne
1 Eigelb
Salz
1 Prise Muskat
20 g Parmesan

Außerdem:
4 Ringe von 4 cm Ø

ORANGENTOMATEN

6 reife Kirschtomaten
20 ml Olivenöl
50 g Zucker
4 EL Safranessig
2 EL Estragonessig
Saft von 1 Orange
abgeriebene Schale von 1/2 Orange
2 TL Ingwersaft (aus dem Asia-Laden)
1 EL Tomatenketchup
2 EL Tomatenmark
1 EL süße Chilisauce
Salz, schwarzer Pfeffer
1 Nelke
1/2 TL Piment
1/2 TL Cayennepfeffer
10 g gehackter Majoran

KARTOFFELPÜREE

Mit dem Ring jeweils 4 Kreise (kleine Taler) aus den Toastbrotscheiben ausstechen.
Die Kartoffeln kochen, pellen und durch eine Presse drücken. Zusammen mit der Butter, Sahne, Eigelb, Salz und Muskat zu einem Püree vermischen.
Die Toasts damit bestreichen und übereinander stapeln. Mit dem geriebenen Parmesan bestreuen und bei starker Oberhitze im Backofen bei 200 °C ca. 5 Minuten gratinieren.

ORANGENTOMATEN

Die Kirschtomaten waschen und im heißen Öl anbraten, bis die Haut aufplatzt. Auf Küchenkrepp abtropfen lassen.
Den Zucker karamellisieren, mit den Essigen ablöschen und unter Rühren aufkochen lassen. Orangensaft und -schale, Ingwersaft, Ketchup, Tomatenmark und Chilisauce zugeben und leicht einkochen lassen. Dann mit Salz, Pfeffer, Nelke, Piment und Cayennepfeffer würzen und den Topf von der Herdplatte nehmen.
Die Majoranblättchen dazugeben und die Tomaten in dem Sud ca. 4 Stunden marinieren lassen.

ANRICHTEN

Das Lammküchle in die Mitte des Tellers setzen, mit dem Toast-Türmchen garnieren und auf diesen jeweils 1 Orangentomate obenauf setzen. Den heißen Lammfond mit 1 Esslöffel Bärlauch-Pesto mixen und in die Suppenteller füllen.
Ich garniere dann noch mit 1 gebackenen Thymianzweig.

TIPP

Die Orangentomaten kann man gut auf Vorrat zubereiten. In einem Marmeladenglas im Kühlschrank halten sie sich bis zu 2 Wochen. Sie passen hervorragend zu gebratenem Fleisch oder – ganz einfach – auf ein mit Bärlauch-Pesto bestrichenes Brot. Darüber dann ein wenig Parmesan hobeln – ein Gedicht!

Für 4 Personen

FILDERKRAUTCREME

Die Schalotten abziehen, fein würfeln und im heißen Schweineschmalz glasig anschwitzen. Mit dem Weißwein ablöschen, das Sauerkraut zugeben und den Geflügelfond und Sauerkrautsaft dazugießen. Lorbeer und Wacholder zugeben und das Ganze ca. 20 Minuten köcheln lassen.
Die Sahne zugeben und weitere 20 Minuten bei geringster Hitze ziehen lassen. Lorbeerblatt und Wacholderbeeren herausnehmen.
Das Sauerkraut in einer Küchenmaschine mixen und durch ein Sieb streichen. Die aufgefangene Flüssigkeit mit Salz, Pfeffer und Muskatnuss würzen. Kurz vor dem Servieren die saure Sahne und die kalte Butter einrühren.

FILDERKRAUTCREME

- 3 Schalotten
- 50 g Schweineschmalz
- 100 ml trockener Weißwein
- 200 g rohes Sauerkraut
- 500 ml kräftiger Geflügelfond
- 500 ml Sauerkrautsaft
- 1 Lorbeerblatt
- 4 Wacholderbeeren
- 100 g Sahne
- Salz, schwarzer Pfeffer
- 1 Prise Muskat
- 4 EL geschlagene saure Sahne
- 2 EL Butter

KUTTELN

Zwiebeln und Lauch küchenfertig vorbereiten und in feine, ca. 3 cm lange Streifen schneiden. Die Kutteln in 2 cm große quadratische Blättchen schneiden.
Das Schweineschmalz in einem Topf erhitzen und die Kalbskutteln darin farblos anschwitzen. Zwiebeln und Lauch zugeben, in ca. 4 Minuten weich garen und dann sämtliche Gewürze zugeben.
Sauerkraut, Sauerkrautsaft und den Weißwein zugeben und in ca. 20 Minuten bei geringer Hitze einkochen lassen. Den Geflügelfond zugießen und auf die Hälfte der Menge einkochen. Die saure Sahne einrühren, nochmals aufkochen und mit Salz und Pfeffer abschmecken.

KUTTELN

- 80 g Zwiebeln
- 50 g Lauch
- 200 g weiße weich gekochte Kalbskutteln (siehe Glossar)
- 80 g Schweineschmalz
- Salz, weißer Pfeffer
- 1 Prise Zucker
- 1 Prise Muskat
- 1 Spritzer Zitronensaft
- 1 Thymianzweig
- 1 Msp. Kümmel
- 100 g eingelegtes Sauerkraut, in Streifen geschnitten
- 100 ml Sauerkrautsaft
- 100 ml Weißwein
- 130 ml Geflügelfond
- 80 g saure Sahne

KARTOFFELAUFLAUF IM KAROTTENMANTEL

Die Kartoffeln schälen, waschen und weich kochen; dann durch eine Kartoffelpresse drücken. Die Möhre putzen, waschen und der Länge nach in ca. 0,5 cm dünne Scheiben schneiden. (Ich schneide sie mit der Aufschnittmaschine; man kann sie auch mit einem Sparschäler in Form bringen.) Kurz in wenig kochendes Wasser geben, kalt abschrecken und auf Höhe der Timbale Formen zuschneiden. Die Formen senkrecht mit den Möhrenscheiben auskleiden.
Die heiße Kartoffelmasse mit Butter, Sahne und den Eigelben vermischen und mit Salz, Muskat würzen. Die Masse leicht abkühlen lassen. Eiweiß cremig aufschlagen und vorsichtig unter die Kartoffelmasse ziehen.
Die Timbale mit der Masse füllen und im Wasserbad bei 150 °C im Backofen in ca. 15 Minuten garen lassen.

KARTOFFELAUFLAUF IM KAROTTENMANTEL

- 500 g Kartoffeln
- 1 Möhre
- 50 g gebräunte Butter
- 75 g Sahne
- 3 Eigelbe
- Salz
- 1 Prise Muskat
- 3 Eiweiß

Außerdem:

- 6 gebutterte Timbale (Metallförmchen)

ANRICHTEN

Die Kartoffelaufläufe im Karottenmantel in die Mitte des Tellers setzen, das Kuttelragout außen herum anrichten und Filderkrautcreme dazugeben. Ich garniere meine Teller noch mit Gundermann und ausgebackenen Weißkrautstreifen.

FILDERKRAUTCREME MIT KARTOFFELAUFLAUF UND KUTTELN

Für 4 Personen

GEFÜLLTES KOHLKÖPFLE

- 2 Tauben
- Salz, schwarzer Pfeffer
- 2 Schalotten
- 100 g Egerlinge
- 100 g Pfifferlinge
- 1 Apfel
- 1 Artischockenboden
- 2 EL Olivenöl
- 1 Thymianzweig
- 70 g Poulardenkeulenfleisch
- 30 g Sahne
- 1 Weißkohlkopf
- 1 große Karotte
- 100 g Speck
- 50 ml Portwein
- 500 g Schweinenetz
- 20 g Butter

GEFÜLLTES KOHLKÖPFLE

Die Tauben küchenfertig vorbereiten lassen; Brust und Keulen häuten (den Metzger darum bitten). Die Brüste jeweils halbieren und mit Salz und Pfeffer würzen. Das Keulenfleisch, Lebern und Herzen klein würfeln.
Schalotten und Pilze küchenfertig vorbereiten und klein würfeln. Den Apfel schälen und in ca. 0,5 cm kleine Würfelchen schneiden. Den Artischockenboden weich kochen und ebenfalls auf ca. 0,5 cm Größe klein würfeln.
Die Taubenbrüste in 1 Esslöffel heißem Öl auf beiden Seiten in insgesamt 2 bis 3 Minuten anbraten, herausnehmen und kalt stellen. 1 weiteren Esslöffel Öl in der Pfanne erhitzen und das gewürfelte Keulenfleisch mit den Schalotten und Pilzen in 1 Minute anbraten; mit den abgezupften Thymianblättchen, Salz und Pfeffer würzen und ebenfalls kalt stellen.
Das gut gekühlte Poulardenfleisch grob würfeln und zusammen mit der Sahne in einer Küchenmaschine mixen. Die Masse mit Salz und Pfeffer kräftig würzen und die Apfel- und Artischockenwürfel unterheben.
Vom Kohlkopf 6 große, schöne Blätter einzeln abziehen und waschen. Dann halbieren, in wenig kochendem Wasser blanchieren, kalt abschrecken und auf einem Küchenhandtuch glatt ausbreiten.
Die Karotte putzen, waschen und in 3 mm breite Streifen schneiden; diese ebenfalls blanchieren. Den Speck in dünne Scheiben schneiden.
Etwas von der Poularden-Masse auf ein halbiertes Kohlblatt geben, jeweils 1 Brusthälftenstück darauf legen und nochmals mit der Masse bestreichen. Das Kohlblatt wie zu einem Säckchen zusammendrehen, mit den Karottenstreifen sternförmig belegen und mit 1 Speckscheibe außen herum verschließen. Die Kohlköpfchen ins Schweinsnetz einpacken.

PFIFFERLING-KARTOFFEL-EINTOPF MIT GEFÜLLTEM KOHLKÖPFLE

Für 4 Personen

GARZUTATEN

Karotte und Zwiebel küchenfertig vorbereiten und grob würfeln. Das Schweineschmalz in einer Pfanne erhitzen. Die Kohlköpfle, das Gemüse und sämtliche Gewürze zugeben und darin in ca. 2 Minuten anbraten. Dann etwas Wasser dazugießen und im Backofen bei 160 °C ca. 15 Minuten garen. Die Kohlköpfle immer wieder mit dem Wasser-Schweineschmalz-Gemisch übergießen, bis sie goldbraun und glänzend sind. Vor dem Anrichten das beim Braten übrig gebliebene Schweinenetz entfernen.

GARZUTATEN

1 EL Schweineschmalz
1 Karotte
1 Zwiebel
1 Lorbeerblatt
1 Thymianzweig
2 Knoblauchzehen
3 EL Wasser
Salz, schwarzer Pfeffer

KARTOFFELSCHAUM

Den Knoblauch abziehen und zerdrücken.
Schalotten, Kartoffeln und Lauch in der heißen Butter anschwitzen und mit Geflügelfond auffüllen. Lorbeer, Thymian, Kümmel und Knoblauch dazugeben und die Kartoffeln in ca. 10 Minuten weich kochen.
Lorbeerblatt und Thymianzweig herausnehmen und den Sud mit einem Stabmixer pürieren. Dann mit Salz, Pfeffer, Zitronensaft, Senf und Walnussöl würzen und durch ein Sieb abgießen.

KARTOFFELSCHAUM

1 Knoblauchzehe
50 g Schalottenwürfel
100 g Kartoffelwürfel
100 g Frühlingslauchwürfel (nur das Weiße)
50 g Butter
1 l kräftiger Geflügelfond
1 Lorbeerblatt
1 Thymianzweig
1 Msp. Kümmel
Salz, schwarzer Pfeffer
20 ml Zitronensaft
1 TL Dijon-Senf
20 ml Walnussöl

PFIFFERLING-KARTOFFEL-SUD

Den Frühlingslauch putzen, waschen und in feine Röllchen schneiden. Die Sahne schlagen. Die Pfifferlinge putzen und in der heißen Butter anschwitzen. Die Kartoffelrauten zugeben und mit 500 ml Kartoffelschaum ablöschen. Aufkochen lassen, dann den Frühlingslauch und die Sahne unterheben. Den Sud mit Salz, Pfeffer und Muskat würzen.

PFIFFERLING-KARTOFFEL-SUD

100 g Frühlingslauch (nur das Grüne)
2 EL Sahne
150 g Pfifferlinge
50 g Butter
200 g blanchierte Kartoffelrauten
Salz, schwarzer Pfeffer
1 Prise Muskat

ANRICHTEN

Den Pfifferling-Kartoffel-Sud in tiefe Teller verteilen und mit jeweils 1 glasierten Kohlköpfle anrichten.

„Ich habe Jörg Sackmann schon als Jungkoch in den Gourmet aufgenommen, weil ich ihn für einen der kreativsten Köche weit über Deutschland hinaus halte. Ich habe wirklich viele Spitzenrestaurants weltweit kennen gelernt. Bei ihm ist es mir nie vorgekommen, dass ich seine Sachen schon einmal irgendwo anders gesehen hätte."

Johann Willsberger

ZWISCHEN-
GERICHTE

Für 15 Personen

MARINIERTER KALBSKOPF

3–4 kg Kalbskopf mit Zunge, weiß und möglichst klein	1 Thymianzweig
7 l Wasser	2 Lorbeerblätter
400 g Karotten	12 Wacholderbeeren
400 g Zwiebeln	20 Pfefferkörner
200 g Staudensellerie	1/2 EL Koriander
1 Lauchstange (nur das Weiße)	10 Pimentkörner
5 Knoblauchzehen	100 g Salz
	1 l Weißwein

KALBSKOPF-MARINADE

2 TL Zucker	2 EL Olivenöl
5 Schalottenwürfel	1 TL Limettenöl
140 ml Estragonessig	40 ml Sherry
300 ml kräftiger Kalbskopffond	1 Msp. Senf
60 g Kalbskopfwürfel	1 Msp. Meerrettich
2 EL schwarze Olivenwürfel	1 Spritzer Zitronensaft
2 EL Radieschenwürfel	1 Thymianzweig
2 EL Lauchwürfel (nur das Weiße)	Salz, schwarzer Pfeffer

MARINIERTER KALBSKOPF

Den Kalbskopf auslösen. Die Zunge blanchieren und abziehen. Beides 1 Tag wässern, dann trockentupfen.

Das Kalbskopffleisch im Ganzen lassen, großflächig auf einem nassen Küchentuch auslegen und sauber zuschneiden; abgeschnittene Reste für die Marinade beiseite legen.

Die Zunge in die Mitte legen und den Kalbskopf wie zu einer Roulade fest einrollen, dabei die Enden einschlagen. Mit Küchengarn fixieren.

Das Wasser und alle weiteren Zutaten in einen ovalen Topf geben. Den Kalbskopf kalt einlegen und aufkochen lassen. Zugedeckt ca. 4 Stunden garen und im Fond erkalten lassen.

KALBSKOPF-MARINADE

Den Zucker karamellisieren lassen, mit Estragonessig ablöschen und mit den Schalotten auf 1/3 der Menge einkochen.

Kalbskopffond, Kalbskopfwürfel, Oliven, Radieschen und Lauch zugeben, aufkochen und dann auskühlen lassen. Anschließend die restlichen Zutaten einrühren und mit Salz und Pfeffer abschmecken.

KALBSKOPF-CHIPS

Den erkalteten Kalbskopf mit der Aufschnittmaschine in 8 hauchdünne Scheiben aufschneiden und auf einer Backmatte (siehe Glossar) auslegen. Mit etwas Marinade bepinseln und bei 50 °C ca. 4 Stunden im Backofen trocknen lassen.

ZANDERSCHNECKLE MIT MARINIERTEM KALBSKOPF, BALSAMICO UND FELDSALAT

Für 15 Personen

ZANDERSCHNECKLE MIT ZANDERFARCE

Das Zanderfilet fein würfeln, leicht salzen und auf Eis stellen.
Die Brunnenkresse zupfen, waschen, trockentupfen und in der heißen Butter anschwitzen.
Mit Salz, Cayennepfeffer und Zitronensaft würzen und kalt stellen. Sobald die Butter erkaltet ist, mit dem Eiweiß und 50 Gramm Sahne zu einem feinen Püree mit einem Stabmixer aufschlagen.
Die Zanderwürfel dazugeben und nochmals mixen. Die Masse durch ein feinmaschiges Sieb streichen und kalt stellen.
Kurz vor dem Anrichten die restlichen 20 Gramm (ca. 2 Esslöffel) Sahne steif schlagen, unter die Zandermasse ziehen und diese pikant mit Meerrettich abschmecken.

ZANDERSCHNECKLE MIT ZANDERFARCE

100 g Zanderfilet
Salz
30 g Brunnenkresse
20 g Butter
Cayennepfeffer
1 Spritzer Zitronensaft
1 Eiweiß
50 g Sahne und
20 g geschlagene Sahne
1 Msp. Sahne-Meerrettich

NUDELTEIG

Mehl, Grieß, Eigelbe und Öl vermengen, zu einem glatten Teig verkneten und diesen ca. 30 Minuten ruhen lassen.
Den Nudelteig hauchdünn mit einer Nudelmaschine ausrollen und auf einer bemehlten Arbeitsfläche in 4 ca. 6 x 3 cm große Rechtecke schneiden.
Die Zanderfarce mit einem Spritzbeutel auf der Längsseite des Teigs aufspritzen. Den Teig 1-mal über die Farce klappen und die Teignähte fest und flach aufeinander drücken. Die Teignähte mit einem gezackten Nudelrädchen abschneiden. Den Teig wie zu einer Schnecke einrollen. In dieser Weise 4 Schneckle formen.
Die Zanderschneckle in kochendem Salzwasser ca. 3 Minuten garen, herausheben, in einen Topf geben und in der Butter und 2 Esslöffel Nudel-Kochwasser schwenken.

NUDELTEIG

150 g Mehl
50 g Hartweizengrieß
7 Eigelbe
1 Spritzer Olivenöl
Mehl für die Arbeitsfläche

Zum Garen:
Salz
20 g Butter zum Schwenken

FELDSALAT

Den Feldsalat gründlich waschen und trockenschütteln. Die Schalotte abziehen und fein würfeln. Schalotte, Senf und Zucker gut miteinander verrühren, dann die restlichen Zutaten zugeben und alles zu einer homogenen Vinaigrette vermischen.

FELDSALAT

100 g Feldsalat
1 Schalotte
1 Msp. Dijonsenf
1 Prise Zucker
40 ml Traubenkernöl
10 ml Walnussöl
40 ml Kalbskopffond
20 ml Sherry medium
10 ml Sherryessig
Salz, schwarzer Pfeffer

ANRICHTEN

Den Kalbskopf sehr dünn mit der Küchenmaschine in 16 Scheiben aufschneiden, auf Glastellern anrichten, mit der lauwarmen Marinade begießen und die Zanderschneckle darauf platzieren. Den Feldsalat mit der Vinaigrette marinieren und daneben anrichten. Über die Zanderschneckle etwas alten Aceto balsamico träufeln. Mit den Kalbskopfchips und z.B. frittierten Meerretttichstreifen garnieren.

TIPP

Für dieses eher rustikale Gericht kochen wir den Kalbskopf im Restaurantbetrieb im Ganzen. Für geringere Mengen empfiehlt es sich, entsprechend kleinere Teile zu verwenden! Das heißt $^1/_2$ kg Kalbskopf und 1 Zunge und etwa $^1/_3$ der Marinade.

Für 4 Personen

ROCHENFLÜGEL

4 Stachelrochenfilets à 150 g
Salz, weißer Pfeffer
1 Spritzer Zitronensaft
30 g Butter

ZIMTBUTTER

100 g Schalotten
2 Limetten
3 Limonenblätter
130 g Butter
1 Prise Zucker
200 ml Weißwein
100 ml Noilly Prat
1 Zimtstange
500 ml Fischessenz
Salz, weißer Pfeffer
1 Msp. fein geriebene Limettenschale
1 TL Orangenöl

TEMPURAKRAPFEN

100 g Forellenfilet
Salz
Cayennepfeffer
1 Spritzer Zitronensaft
20 g Butter
50 g Sahne
1 Ei
50 g Mehl
50 g Stärkemehl
Koriander aus der Mühle
150 ml Eiswasser
Mehl zum Wenden
500 ml Frittieröl

ROCHENFLÜGEL

Die Rochenfilets mit Salz, Pfeffer und Zitronensaft würzen. Kurz vor dem Anrichten die Butter in einer Pfanne erhitzen und die Rochenfilets darin von beiden Seiten in insgesamt ca. 5 Minuten goldbraun braten.

ZIMTBUTTER

Die Schalotten abziehen und fein würfeln. Die beiden Limetten ausdrücken. Die Limettenblätter in feine Streifchen schneiden.
30 Gramm Butter erhitzen, die Schalotten darin glasig anschwitzen, mit Limettensaft ablöschen, mit dem Zucker würzen und die Flüssigkeit vollständig einkochen lassen. Weißwein und Noilly Prat angießen, Zimtstange zugeben und erneut die Flüssigkeit vollständig einkochen lassen. Die Fischessenz zugießen, mit Limettenblättern Salz und Pfeffer würzen. Das Ganze auf $^{1}/_{3}$ der Flüssigkeitsmenge einkochen, dann durch ein Sieb abgießen.
Die Soße mit Limettenschale und Orangenöl würzen und die restliche Butter mit einem Stabmixer unterschlagen.

TEMPURAKRAPFEN

Das Forellenfilet in feine Würfel schneiden, mit Salz, Cayennepfeffer und Zitronensaft würzen und mit der Butter, Sahne und Ei auf Eis stellen. In einer Küchenmaschine fein pürieren und die Masse durch ein Sieb streichen.
Die Farce mit einem Knöpflehobel in ca. 80 °C heißes Salzwasser hobeln – 20 Gramm Forellenfarce für die gefüllten Reisblätter beiseite stellen. Kurz aufkochen lassen, die Knöpfle mit einer Schaumkelle herausheben, auf einem Küchentuch ausbreiten und im Gefrierfach kurz anfrieren lassen.
Aus Mehl, Stärkemehl, Salz, Koriander und Eiswasser einen dünnflüssigen Tempurateig herstellen.
Die angefrorenen Knöpfle in wenig Mehl wenden, durch den Teig ziehen und im 180 °C heißen Frittieröl knusprig ausbacken. Auf Küchenkrepp abtropfen lassen und mit Salz und Koriander würzen.

ROCHENFLÜGEL MIT BRAISIERTEN KOPFSALATHERZEN IN ZIMTBUTTER MIT TEMPURAKRAPFEN

Für 4 Personen

BRAISIERTER KOPFSALAT

Die Salatherzen waschen und abtropfen lassen. Dann vierteln, in einen Topf geben und mit geschmolzener Zimtbutter und Weißwein übergießen. Mit einem Deckel verschließen und den Salat ca. 30 Sekunden leicht angaren.

Den Salat herausnehmen und den Fond auf die Hälfte einkochen lassen. Die kalte Butter einrühren, den Salat wieder einlegen, würzen und anrichten.

BRAISIERTER KOPFSALAT

- 2 Kopfsalatherzen
- 50 ml Zimtbutter
- 10 ml Weißwein
- 40 g Butter
- Salz, schwarzer Pfeffer
- 1 Prise Zucker

GEFÜLLTE REISBLÄTTER

Die Reisblätter zwischen feuchte, aber nicht nasse Tücher einpacken und etwas einweichen lassen. Dann mit dem leicht verquirlten Eiweiß bestreichen.

Die Forellenfarce mit den Gemüsewürfeln vermengen und mit Salz und Koriander würzen.

Auf 1 Reisblatt mit einem Teelöffel 8 Häufchen der Farce-Mischung auftragen. Das 2. Reisblatt darauf legen, die Ränder um die Häufchen fest andrücken und mit einem runden Ausstecher 8 Kreise austechen.

Die Luft aus den Blättern streichen und in Pflanzenöl bei 180 °C knusprig backen. Auf Küchenkrepp abtropfen lassen und nochmals würzen.

GEFÜLLTE REISBLÄTTER

- 2 Reisblätter, ca. 20 cm
- 1 Eiweiß
- 20 g Forellenfarce
- 20 g blanchierte Gemüsewürfel
- Salz
- Koriander aus der Mühle
- 300 ml Pflanzenöl

ZWIEBELMARMELADE

Das Öl erhitzen und die Zwiebeln darin glasig anschwitzen. Mit dem Balsamico-Essig ablöschen und vollständig einkochen lassen.

Lorbeer, Thymian und die in der Schale zerdrückte Knoblauchzehe zugeben und mit Portwein und Rotwein auffüllen. Die Masse trocken einkochen lassen und würzen.

ZWIEBELMARMELADE

- 10 ml Olivenöl
- 120 g rote Zwiebelwürfel
- 15 g weißer Balsamico-Essig
- 1 Lorbeerblatt
- 1 Thymianzweig
- 1 Knoblauchzehe
- 100 ml Portwein
- 100 ml kräftiger Rotwein
- Salz, schwarzer Pfeffer
- 1 Prise Zucker

ANRICHTEN

Die Kofpsalatherzen auf den Tellern anrichten. Die Rochenflügel anlegen, etwas Zwiebelmarmelade und die gefüllten Reisblätter zugeben. Mit der Zimtbutter übergießen und mit gebackenen Glasnudeln garnieren.

„Jörg Sackmann fiel mir durch seine sympathische, ruhige und stets höfliche Art auf, die er auch unter Stress immer beibehielt. Bei seiner Kreativität war mir schon damals klar, dass er einmal den Erfolg haben würde, den er heute hat. Ich bin sehr stolz darauf, ihn in der Kochschmiede Aubergine mitgeprägt zu haben."

Eckart Witzigmann

MORCHEL-COTTA MIT ERBSEN

Für 4 Personen

SCHWARZWURZELSCHAUM

- 200 g Schwarzwurzeln
- 800 ml Geflügelfond
- 300 g Sahne
- 100 g Crème fraîche
- 100 g getrocknete Morcheln, fein gemixt
- 40 g Butter
- 100 ml weißer Portwein
- 100 ml Noilly Prat
- 20 ml Cognac
- Salz
- Cayennepfeffer
- 1 Spritzer Zitronensaft

MORCHEL-COTTA

- 600 g Schwarzwurzelschaum
- 2 Eier
- 1 Eigelb
- Salz
- Cayennepfeffer

ERBSENSCHAUM

- 50 g Zwiebelwürfel
- 40 g Lauchwürfel (nur das Weiße)
- 40 g Räucherspeckwürfel
- 50 g Butter
- 100 ml Weißwein
- 500 ml Geflügelfond
- 250 g frische Erbsen
- 80 g gehackter Blattspinat
- 100 g Sahne
- 50 g Crème fraîche
- Salz, schwarzer Pfeffer
- 1 Prise Muskat

GARNITUR

- 100 g Erbsen
- Salz
- 40 g Butter
- schwarzer Pfeffer
- 20 Morcheln
- 1 Wan-tan-Blatt, 25 x 25 cm
- 300 ml Frittieröl

SCHWARZWURZELSCHAUM

Die Schwarzwurzeln waschen, schälen und klein schneiden. Sofort in den Geflügelfond geben und darin in ca. 15 Minuten weich kochen.
Dann Sahne und Crème fraîche zugeben und alles mit einem Stabmixer pürieren; anschließend durch ein feinmaschiges Sieb streichen.
Die gemahlenen Morcheln in 20 Gramm der heißen Butter anschwitzen. Mit Portwein, Noilly Prat und Cognac ablöschen und die Flüssigkeit cremig einkochen.
Die Masse (1 Esslöffel abnehmen für die Garnitur) unter die Schwarzwurzelcreme mischen, mit Salz, Cayennepfeffer und Zitronensaft würzen und nochmals aufkochen. Zum Schluss die restliche Butter einrühren.

MORCHEL-COTTA

600 Gramm Schwarzwurzelschaum mit den Eiern und dem Eigelb verrühren und mit Salz und Cayennepfeffer abschmecken. Die Creme in 4 Suppentellern glatt verstreichen, mit Klarsichtfolie abdecken und ca. 40 Minuten im Backofen bei ca. 90 °C stocken lassen.

ERBSENSCHAUM

Zwiebeln, Lauch und Speck in der heißen Butter farblos anschwitzen. Mit Weißwein ablöschen und den Geflügelfond dazugießen. Sobald die Flüssigkeit kocht, die Erbsen und den Spinat dazugeben und 2 Minuten kochen lassen.
Sahne und Crème fraîche einrühren und mit dem Stabmixer glatt pürieren. Die Erbsenflüssigkeit in eine Schüssel umfüllen und über Eis kalt rühren. Dann mit Salz, Pfeffer und Muskat abschmecken und die Suppe durch ein feinmaschiges Sieb abgießen.

GARNITUR

Die Erbsen kurz in wenig kochendes Salzwasser geben, herausnehmen und kalt abschrecken. Die Butter erhitzen, die Erbsen darin anschwitzen und mit Salz und Pfeffer würzen.
Die Morcheln putzen, waschen und auf Holzstäbchen verteilt aufspießen. Den Wan-tan-Teig in dünne, lange Streifen schneiden und in einer lockeren Spirale um die Spieße wickeln. Im 180 °C heißen Frittieröl kurz ausbacken, auf Küchenkrepp abtropfen lassen und nochmals mit Salz und Pfeffer würzen. Anschließend die Holzstäbchen entfernen.

ANRICHTEN

Ich schneide aus der gestockten Morchel-Cotta die Hälfte heraus, fülle den halben leeren Teller mit dem heißen Erbsenschaum auf und gebe die Garnitur obenauf. Die herausgeschnittene Morchelpaste verwende ich außerdem als Garnitur. Ein interessantes Spiel von heiß und kalt.

Für 4 Personen

TEIG

800 g Schmalz-Blätterteig
Mehl zum Ausrollen
1 Eigelb
2 EL Milch

TEIG

Den Blätterteig – mit Schmalz wird er kräftiger – ca. 1 mm dünn auf einer wenig bemehlten Fläche ausrollen. Ein Oval von ca. 40 cm Länge und 15 cm Breite ausschneiden, kurz ruhen lassen, mit der verquirlten Eigelb-Milch-Mischung bestreichen und auf ein mit Backpapier ausgelegtes Backblech legen. Für 5 Minuten in den auf 200 °C vorgeheizten Backofen schieben, dann bei 160 °C weitere 20 Minuten backen, bis der Teig hellbraun ist.

FÜLLUNG

500 g junge Lauchzwiebeln
100 g Speck
4 Äpfel (z. B. Boskop)
4 Eier
160 ml Milch
80 g saure Sahne
Salz, schwarzer Pfeffer
1 Prise Muskat
1 kleines Bund Majoran
70 g Butter
350 g geräucherte Blutwurstscheiben
16 Kirschtomaten
16 Wachteleier

FÜLLUNG

Die Lauchzwiebeln putzen, waschen und klein schneiden; den Speck würfeln, 2 Äpfel schälen, und in Scheibchen schneiden, das Kerngehäuse entfernen. Die Eier mit der Milch und der sauren Sahne verquirlen und mit Salz, Pfeffer, Muskat und Majoranblättchen würzen.
Die Butter erhitzen und die Zwiebel-, Speck- und Apfelscheibchen darin farblos anschwitzen. Dann die Eimasse einrühren und bei mittlerer Hitze kurz anstocken lassen, so dass sie von cremiger Konsistenz ist.
Noch einmal abschmecken und gleichmäßig auf dem vorgebackenen Blätterteig verteilen. Im 200 °C heißen Backofen ca. 5 Minuten backen.
Die Blutwurstscheiben in Dreiecke schneiden. Die Kirschtomaten mit heißem Wasser überbrühen, kalt abschrecken und die Haut abziehen. Die beiden anderen Äpfel schälen und ebenfalls in dreieckige Stückchen schneiden.
Den bestrichenen Blätterteig aus dem Backofen nehmen, Blutwurst, Tomaten und Äpfel darauf verteilen und weitere 5 bis 10 Minuten bei 200 °C im Backofen backen.
Die Wachteleier in einer Pfanne in 1 Esslöffel heißer Butter zu Spiegeleiern braten und auf die heiße Blutwurst-Torte setzen.

GARNITUR

2 EL Crème fraîche
etwas frischer Majoran

ANRICHTEN

Die fertige Torte mit frischem Majoran bestreuen. Die Crème fraîche mit einem Mixgerät aufschlagen, mit Salz und Pfeffer würzen und dazu servieren.

TIPP

Den Blätterteig bereite ich auf die klassische Art zu, verwende aber Schmalz anstelle von Butter; der Teig wird dadurch kräftiger im Geschmack. Eine Alternative für zu Hause ist ein Tiefkühl-Blätterteig.

BLUTWURST-TORTE MIT WACHTELEIERN, ÄPFELN UND MAJORAN

Für 4 Personen

LEBERSPÄTZLE

75 g Rehleber
25 g grüner (fetter) Speck
Salz, schwarzer Pfeffer
1 Msp. gemahlener Piment
1 Thymianzweig
3 EL Schweineblut (vom Metzger)
4 – 5 Eier
400 g Spätzlemehl (doppelgriffiges Mehl)
80 g braune Butter

LEBERSPÄTZLE

Die Rehleber vom Wildhändler putzen und häuten lassen. Die gut gekühlte Rehleber zusammen mit dem grünen Speck und sämtlichen Gewürzen 2-mal durch die feine Scheibe des Fleischwolfes drehen. Das Schweineblut unter die Hackmasse rühren.
Die Eier aufschlagen, verquirlen und glatt unter die Fleischmasse einrühren, dann das Mehl untermischen. Den Teig mit einem Holzlöffel kräftig durchschlagen, bis er Blasen wirft. Nochmals würzen und 20 Minuten ruhen lassen.
Mit einer Palette und einem Holzbrett oder einem Spätzleschaber Spätzle in kochendes Salzwasser schaben. Das Wasser 1-mal aufkochen lassen, die Spätzle mit einer Schaumkelle herausheben und kalt abschrecken. Vor dem Anrichten in warmer, brauner Butter schwenken.

SAUCE

4 getrocknete Birnenviertel
300 g milder Apfelmost
2 Pimentkörner
2 Nelken
1 Lorbeerblatt
100 g Crème fraîche
50 g Butter
Salz
schwarzer Pfeffer
60 g Preiselbeeren

SAUCE

Die Birnen über Nacht im Apfelmost einweichen, dann herausheben und abtropfen lassen.
Am nächsten Tag den Apfelmost aufkochen, die Gewürze und die Birnen zugeben und ca. 20 Minuten bei geringer Hitze ziehen lassen. Den Most durch ein Sieb abgießen und auf eine Menge von 100 ml einkochen.
Dann die Crème fraîche glatt einrühren, nochmals aufkochen und die kalte Butter einrühren. Mit Salz und Pfeffer würzen und vor dem Anrichten die Preiselbeeren zugeben.

REHLEBER

400 g Rehleber
40 ml Olivenöl
1 Thymianzweig
einige Tannenspitzen
4 EL Wildjus

REHLEBER

Die geputzte und gehäutete Rehleber im heißen Olivenöl zusammen mit dem Thymianzweig und den Tannenspitzen in insgesamt 6 bis 8 Minuten auf beiden Seiten rosa braten. Vor dem Aufschneiden kurz ruhen lassen.

ANRICHTEN

Die Spätzle auf vorgewärmten Tellern verteilen, die Rehleber darauf anrichten und mit dem Wildjus begießen. Als Garnitur die Birnenviertel anlegen. Ich reiche dazu noch Preiselbeeren, geröstete Lebkuchenstreifen und Rotweinäpfel.

REHLEBERSPÄTZLE MIT GETROCKNETEN BIRNEN UND MOSTSCHAUM-SAUCE

FISCH

Für 4 Personen

SEEZUNGE UND JAKOBSMUSCHELN

4 Seezungenfilets
à ca. 100 g
Öl zum Bestreichen
Salz, weißer Pfeffer
300 g Jakobsmuscheln,
ausgelöst und ohne Corail
1 Eiweiß
60 g Sahne
100 g Spinatblätter
2 abgezogene Tomaten
1 Prise Koriander
2 EL Olivenöl

SEEZUNGE UND JAKOBSMUSCHELN

Die Seezungenfilets auf einem leicht geölten Blech zu einem Rechteck auslegen, dabei die Spitzen einschlagen. Mit Salz und Pfeffer würzen.
Die Hälfte der Jakobsmuscheln und das Eiweiß kalt stellen, würzen und in der Küchenmaschine fein mixen. Die geschlagene Sahne unterheben. Die fertige Farce mit einer kleinen Lochtülle in Schleifen auf die Seezungenfilets aufdressieren.
Die Spinatblätter kurz in kochendes Wasser geben, kalt abschrecken und auf einem Tuch flach nebeneinander auslegen. Bahnen in der Breite der Seezungen-Rechtecke ausschneiden und auf die Seezungen legen. Darauf wiederum schmale Streifen der abgezogenen Tomate legen. Mit Salz, Pfeffer und Koriander würzen.
Für die restlichen Jakobsmuscheln 4 Streifen Pergamentpapier zuschneiden, mit Olivenöl bestreichen und leicht salzen. Die Jakobsmuscheln mit einem schmalen Messer in ca. 1,5 mm dünne Scheibchen schneiden, leicht überlappend in einem Streifen auflegen und leicht nachwürzen.
Die Seezungenfilets im heißen Olivenöl nur auf einer Seite leicht anbraten und ca. 4 Minuten im Ofen bei 180 °C braten. Die Jakobsmuscheln im restlichen heißen Olivenöl ca. 1 bis 2 Minuten goldbraun anbraten (nicht durch) und aus der Pfanne nehmen.

ERDNUSSJUS

1 Zwiebel
40 g Lauch
50 g Staudensellerie
50 g Steinchampignons
2 Knoblauchzehen
5 Tomaten
1 EL Olivenöl
1 EL Tomatenpüree
1 Thymianzweig
5 weiße Pfefferkörner
600 ml Fischfond
1 EL Erdnusspaste
30 g Butter
1 Spritzer Olivenöl
1 Spritzer Zitronensaft
1 – 2 EL geröstete, gesalzene
Erdnüsse (10 – 20 g)
Salz, weißer Pfeffer

ERDNUSSJUS

Zwiebel, Lauch, Staudensellerie, Steinchampignons, Knoblauchzehen und Tomaten küchenfertig vorbereiten und grob würfeln.
Das Olivenöl erhitzen, Zwiebeln, Lauch, Sellerie und Champignons anschwitzen, dann die Tomaten dazugeben.
Tomatenpüree, Thymian, Pfefferkörner und Knoblauch zugeben und mit dem Fischfond ablöschen. Bei geringer Hitze ca. 20 Minuten ziehen lassen, bis alle Zutaten weich sind.
Die Masse durch ein feinmaschiges Sieb streichen und die Erdnusspaste, Butter, Olivenöl und Zitronensaft mit einem Stabmixer unterschlagen. Zum Schluss die gerösteten Erdnüsse dazugeben und mit Salz und Pfeffer abschmecken

TORTELLINI-TEIG

300 g Mehl
100 g Hartweizengrieß
1 Ei
12 Eigelbe
Mehl für die Arbeitsfläche
20 g Butter zum Glasieren

TORTELLINI-TEIG

Mehl und Grieß vermengen und mit den Eiern zu einem festen Teig kneten. Den Teig, in Folie gewickelt, im Kühlschrank ca. 1 Stunde ruhen lassen (kein Salz zugeben, da der Teig sonst beim Verarbeiten leicht bricht).

SOUFFLIERTES SEEZUNGENFILET MIT JAKOBSMUSCHELN, TANDOORIBLÄTTERN, BROKKOLISTIELEN UND ERDNUSSJUS

Für 4 Personen

TORTELLINI-FÜLLUNG

Pilze und Lauch küchenfertig vorbereiten und zusammen mit den Tomaten und Verrace-Muschelfleisch fein würfeln – das dabei austretende Muschelwasser auffangen.
Die Shiitake-Pilze im heißen Öl anschwitzen, den Lauch zugeben und mit Noilly Prat ablöschen. Die Tomaten zugeben, die Sahne dazugießen und die Flüssigkeit vollständig einkochen lassen. 50 ml aufgefangenes Muschelwasser dazugießen und aufkochen lassen.
Anschließend die Muscheln zugeben, mit Salz, Pfeffer und Knoblauchsalz würzen und die Masse kalt stellen.
Den Nudelteig auf einer wenig bemehlten Fläche ca. 0,5 cm dünn ausrollen und mit einem runden Ausstecher von 9 cm Ø 12 Blättchen ausstechen. Die Füllung in der Mitte platzieren und den Teig wie zu einem Fächer umschlagen. Die Ränder fest andrücken und die Tortellini im kochenden Salzwasser 3 Minuten garen. Mit einer Schaumkelle herausheben, abtropfen lassen und kurz vor dem Servieren in etwas heißer Butter wenden.

TORTELLINI-FÜLLUNG

50 g Shiitake-Pilze
50 g Lauch
50 g ausgebrochene Verrace-Muscheln (Venusmuscheln)
25 g Ofentomaten (siehe Glossar)
1 EL Olivenöl
10 ml Noilly Prat
100 g Sahne
Salz
1 Prise Sansho-Pfeffer (siehe Glossar)
1 Msp. Knoblauchsalz
30 g Butter

BROKKOLIGEMÜSE

Den Brokkoli in kleine Röschen teilen, putzen und waschen. Den Stiel schälen und klein schneiden. Die Stiele im heißen Olivenöl anschwitzen, dann die Röschen zugeben und sofort mit dem Erdnussjus ablöschen. Die kalte Butter einrühren und mit Salz, Sansho-Pfeffer und Zucker würzen.

BROKKOLIGEMÜSE

1 Brokkoli
20 ml Olivenöl
50 ml Erdnussjus
10 g kalte Butter
Salz
1 Prise Sansho-Pfeffer (siehe Glossar)
1 Prise Zucker

TANDOORI-CHIPS

Den Frühlingsrollenteig in 15 cm lange Dreiecke von ca. 2 cm Kantenlänge zuschneiden. Die Tandoori-Paste und das Eiweiß zusammen aufschlagen, die Dreiecke von beiden Seiten mit der Paste einstreichen und in 160 °C heißem Frittieröl schwimmend ausbacken. Auf Küchenkrepp abtropfen lassen und mit Salz würzen.

TANDOORI-CHIPS

1 Wan-tan-Blatt, 25 x 25 cm
1 EL Tandoori-Paste
1 EL Eiweiß
300 ml Frittieröl
Salz

ANRICHTEN

Das Brokkoligemüse auf dem Teller platzieren, die Seezungenfilets aufsetzen und die Jakobsmuscheln schräg auf die Seezunge legen. Die Tortellini und Tandoori-Blätter dazulegen und die Erdnussjus an die Seezunge und Jakobsmuschel geben.

LANGUSTINE ROYAL IM EINMACHGLAS MIT SPARGEL

Für 4 Personen

LANGUSTINEN

800 g Langustinen
(ergibt ca. 300 g Fleisch
und 500 g Karkassen)
20 g Butter
Salz, weißer Pfeffer

Die Langustinen ausbrechen. Das Fleisch kühl stellen, die Karkassen für die Bisque verwenden. Die Langustinen kurz vor dem Anrichten in der heißen Butter von beiden Seiten in maximal 3 Minuten goldbraun garen. Mit Salz und Pfeffer würzen.

LANGUSTINEN-BISQUE

150 g Zwiebeln
50 g Staudensellerie
100 g Lauch
500 g Langustinen-Karkassen
2 EL Olivenöl
50 ml Cognac
100 ml weißer Portwein
100 ml Noilly Prat
100 ml Weißwein
100 g Tomatenmark
2 Tomaten
2 Lorbeerblätter
10 Pfefferkörner
2 Thymianzweige
2 Knoblauchzehen
1 Prise Koriander
Salz, weißer Pfeffer
1 l kräftiger Fischfond
1 kg Sahne

Das Gemüse küchenfertig vorbereiten und grob zerkleinern. Die Langustinen-Karkassen im heißen Olivenöl von allen Seiten anrösten, dann das Gemüse zugeben und kurz mit anrösten lassen. Mit dem Cognac ablöschen, dann Portwein, Noilly Prat und Weißwein zugeben und einkochen, bis die Flüssigkeit vollständig verdampft ist.
Das Tomatenmark, die gewaschenen und klein gewürfelten Tomaten und sämtliche Gewürze zufügen und 1 knappe Minute anbraten. Dann den Fischfond zugießen und auf die Hälfte einkochen. Die Sahne zufügen und 30 Minuten bei geringer Hitze zugedeckt ziehen lassen. Den Sud durch ein feinmaschiges Sieb abgießen und mit Salz und Pfeffer abschmecken.

ROYAL

250 ml Langustinen-Bisque
1 Ei
30 g Butter
Salz
Cayennepfeffer
1 Spritzer Cognac

Die Zutaten für die Royal über dem heißen Wasserbad zu einer glatten Masse aufschlagen.

EINLAGE

4 Stangen weißer Spargel
20 g Butter
Salz, weißer Pfeffer
1 Spritzer Zitronensaft

Die Spargelstangen schälen, die Spitzen abschneiden und die Stangen in dünne Scheibchen schneiden.
Die Spitzen in wenig kochendem Wasser ca. 1 Minute blanchieren, herausnehmen und kalt abschrecken. Die Scheibchen in der heißen Butter anschwitzen, etwas Wasser zugießen und in ca. 3 bis 4 Minuten weich garen. Mit Salz, Pfeffer und Zitronensaft würzen.
Den Spargel in ein Einmachglas geben, die Royal darüber gießen, das Glas verschließen und im Wasserbad bei 80 °C Backofentemperatur in 30 bis 40 Minuten garen lassen, bis die Royal gestockt ist.

ANRICHTEN

Den Spargel samt Royal in kleinen Gläschen dekorativ anrichten und die Langustinen darauf setzen. Ich garniere noch mit Spargelröllchen und gebe etwas Champagnersauce zu.

Für 4 Personen

TERRIYAKI-SUD

50 ml Olivenöl
150 g Schalottenwürfel
100 g Fenchelwürfel
100 g Lauchwürfel
(nur das Weiße)
50 g Staudenselleriewürfel
5 g Puderzucker
1 Prise Meersalz
150 ml Weißwein
50 ml Noilly Prat
200 ml Orangensaft
200 ml Grapefruitsaft
80 ml Zitronensaft
1 l kräftiger Fischfond
30 g fein geriebener Ingwer
in der Schale
5 zerstoßener Sternanis
2 zerdrückte Knoblauchzehen
10 Korianderkörner
1 fein geriebene Orangenschale
2 Stangen fein geschnittenes
Zitronengras
1/4 TL Piments d'Espelette
(siehe Glossar)
200 g Karotten
1 gelbe Paprikaschote
120 g kalte Butter
3 EL Terriyaki-Sauce
Salz, weißer Pfeffer

TERRIYAKI-SUD

Das Olivenöl erhitzen und das Gemüse darin farblos anschwitzen. Dann Puderzucker und Meersalz einrühren und ebenfalls etwas anschwitzen.
Mit Weißwein und Noilly Prat ablöschen und vollständig einkochen lassen. Dann die Zitrussäfte zugeben und die Flüssigkeit fast gänzlich einkochen lassen.
Den Fischfond zugießen, sämtliche Gewürze zugeben, aufkochen und 30 Minuten ziehen lassen. Den Sud durch ein Sieb abgießen.
Inzwischen die Möhre und Paprika küchenfertig vorbereiten und klein würfeln. In den Sud geben und in ca. 10 Minuten weich kochen. Die Sauce mit einem Stabmixer pürieren. Die kalte Butter und Terriyaki-Sauce zugeben und nochmals mit dem Stabmixer aufschlagen. Mit Salz und Pfeffer abschmecken.

TERRIYAKI-RAVIOLIS

125 g Hartweizengrieß
125 g Weizenmehl
3 Eigelbe
1 Ei
1 TL Olivenöl
2 EL warmes Wasser
Salz
1 Prise Muskat
3 Blatt Gelatine
200 ml Terriyaki-Sud
(siehe oben)
Mehl zum Ausrollen

TERRIYAKI-RAVIOLI

Hartweizengrieß, Mehl, Eigelbe, Öl, Wasser, Salz und Muskat miteinander vermengen und zu einem glatten Teig verkneten; ca. 1 Stunde ruhen lassen.
Die Gelatine in wenig kaltem Wasser einweichen und ausdrücken. In den warmen Terriyaki-Sud geben und darin auflösen. Die Flüssigkeit in ein Gefäß 1 cm hoch eingießen und gelieren lassen. Sobald das Gelee fest geworden ist, 4 Dreieickswürfel und 8 Quadratwürfel von ca. 1,5 cm Kantenlänge ausschneiden. Bis zur weiteren Verwendung in den Kühlschrank stellen.
Den Nudelteig auf einer leicht bemehlten Arbeitsfläche sehr dünn ausrollen. 24 Streifen von 6 cm Länge und 2 cm Breite ausschneiden.
Einen Streifen flach auslegen und einen weiteren Streifen im oberen Drittel über Kreuz legen. Einen Geleewürfel auf die Überschneidungsfläche legen und mit den Teigstreifen von allen Seiten fest umschließen (es darf keine Flüssigkeit eintreten). So mit allen Teigstreifen und Geleewürfeln verfahren.

ST. PETERSFISCH MIT ZITRUSFRÜCHTEN, TERRIYAKI-RAVIOLI UND GEFÜLLTEN MEERESFRÜCHTE-CROUSTINI

Für 4 Personen

GEFÜLLTE MEERESFRÜCHTE

Die Teigblätter in je 4 Streifen teilen. Jeweils 2 Teigstreifen um eine 15 cm lange gefettete Metallstange von 2 cm Ø wickeln. Den Teig mit Eigelb bestreichen und mit Zitronenpfeffer bestreuen. Im Backofen bei 180 °C ca. 8 Minuten backen. Herausnehmen und die Croustini sofort von der Metallstange lösen.
Muscheln und Fische zusammen mit den Zitrusfruchtfilets klein würfeln und mit den restlichen Zutaten vermengen.
Die gebackenen Croustini mit der Masse bestreichen. Vor dem Anrichten in den Backofen stellen und bei 80 °C in ca. 5 Minuten erwärmen.

GEFÜLLTE MEERESFRÜCHTE

- 2 Wan-tan-Blätter, 25 x 25 cm
- 20 g Butter
- 1 Eigelb
- 1 Prise Zitronenpfeffer
- 10 Bouchot-Muscheln (Miesmuscheln)
- 10 Verrace-Muscheln (Venusmuscheln)
- 40 g Thunfisch
- 40 g St. Petersfisch
- 20 g Grapefruitfilets
- 20 g Orangenfilets
- 1 EL Sojasauce
- 1 TL Ingwersaft
- Salz
- Sansho-Pfeffer (siehe Glossar)
- Cayennepfeffer

ST. PETERSFISCH

Den Fisch am besten vom Fischhändler filetieren lassen. Die Butter heiß aufschäumen lassen und den Fisch insgesamt in 2 bis 3 Minuten von beiden Seiten leicht Farbe annehmen lassen. Die Fischfilets im vorgeheizten Backofen bei 180 °C in ca. 5 Minuten fertig garen.

ST. PETERSFISCH

- 4 St. Petersfischfilets à 150 g
- 60 g Butter
- 1 Thymianzweig
- Salz, weißer Pfeffer

GEMÜSEGARNITUR

Orangen und Grapefruit schälen, die Filets heraustrennen, dabei den Saft auffangen. Den Saft samt Filets erwärmen.
Die Zucchini waschen und in dekorative Stücke schneiden (ich bevorzuge kleine Rauten).
Die Butter erhitzen und die Zucchini darin von beiden Seiten glasieren; mit Salz, Pfeffer und Zucker würzen.

GEMÜSEGARNITUR

- 1 Orange
- 1 Pink-Grapefruit
- 3 grüne Zucchini
- 20 g Butter
- Salz, weißer Pfeffer
- 1 Prise Zucker

ANRICHTEN

Den Fisch mit den warmen Zitrusfrüchten belegen und den aufgeschlagenen Terriyaki-Sud darüber geben; mit Piments d'Espelette bestäuben. Die Ravioli, Zucchinistückchen und Meeresfrüchte-Croustini daneben schön anrichten.

Für 4 Personen

KARTOFFELNUDELN

250 g Kartoffeln
150 g Mehl
1 EL Grieß
1 Eigelb
50 g weiche Butter
Salz
1 Prise Muskat
Mehl zum Ausrollen

HOPFENGEMÜSE

20 g Zucker
80 g Butter
100 ml Alpirsbacher Pilsbier
500 g blanchierte Hopfentriebe
Salz, weißer Pfeffer
1 Prise Muskat

GESCHMOLZENE TOMATEN

300 g Rispen-Kirschtomaten
20 ml Olivenöl
Salz, schwarzer Pfeffer
1 Prise Zucker
40 g gehackter Bärlauch
10 ml weißer Balsamico-Essig

HUCHEN

600 g Huchenfilet
80 g Butter
1 Zitrone
Salz, weißer Pfeffer
3 EL kräftige Kalbsjus
2 EL Bärlauchöl

KARTOFFELNUDELN

Die Kartoffeln waschen, weich kochen, pellen und durch die Kartoffelpresse drücken. Mit den anderen Zutaten zu einem glatten Teig verarbeiten.
Den Teig auf der bemehlten Arbeitsfläche zu dünnen, ca. 15 cm langen Nudeln ausrollen und im Salzwasser blanchieren. Die Nudeln vor dem Anrichten in wenig Butter und etwas Kochfond glasieren und würzen.

HOPFENGEMÜSE

Den Zucker karamellisieren lassen, die Butter einrühren und mit Bier ablöschen. Die Masse zu einem Sirup einkochen lassen. Die Hopfentriebe kurz in wenig kochendes Salzwasser geben, herausnehmen, kalt abschrecken und abtropfen lassen; zu dem Sirup geben und würzen. Den Topf sofort von der Herdplatte ziehen.

GESCHMOLZENE TOMATEN

Die Tomaten waschen, trockentupfen, halbieren und im heißen Öl kurz von allen Seiten anbraten. Mit Salz, Pfeffer und Zucker würzen, den Bärlauch unterrühren und mit Essig ablöschen. Dann die Pfanne von der Herdplatte nehmen.

HUCHEN

Das Huchenfilet in der heißen Butter auf der Hautseite in 2 bis 3 Minuten kross braten. Immer wieder mit dem Bratensud übergießen und für ca. 4 Minuten in den 180 °C heißen Backofen geben. Mit Salz, Pfeffer und Zitronensaft würzen und mit Kalbsjus und Bärlauchöl beträufeln.

ANRICHTEN

Den heißen Huchen direkt aus dem Backofen auf vorgewärmten Tellern anrichten und mit dem Hopfengemüse, den geschmolzenen Tomaten und Nudeln anrichten.

HUCHEN MIT HOPFENTRIEBEN UND SPEZIELLEN KARTOFFELNUDELN

NUDELN VOM STÖR MIT SONNENBLUMENÖL, KAVIAR UND GNOCCHI

Für 4 Personen

STÖRNUDELN

- 500 g Störfilet, ohne Haut
- 100 g Sahne
- 2 Eier
- 100 ml Sonnenblumenöl
- Salz, weißer Pfeffer
- 1 Prise Koriander
- Sonnenblumenöl zum Bestreichen

STÖRNUDELN

Das Störfilet klein schneiden. Mit der Sahne, den verquirlten Eiern und 50 ml Sonnenblumenöl vermischen, mit Salz, Pfeffer und Muskat würzen und kühl stellen.

Die Masse zweimal durch den Fleischwolf drehen (feinste Scheibe!), erneut kühlen und anschließend in der Küchenmaschine zu einer cremigen Masse pürieren. Danach durch ein Haarsieb streichen, erneut mit dem Stabmixer aufschlagen, dabei das restliche Öl nach und nach zugießen.

Ein Blech einölen, mit Klarsichtfolie belegen und diese ebenfalls einölen. Eine weitere Folie ebenfalls einölen.

Die Fischmasse in einen Dressierbeutel geben (kleine Lochtülle) und in gleichmäßig dünne Streifen von ca. 1,5 mm auf die Folie aufspritzen. Mit einer Palette glatt streichen und mit einer weiteren eingeölten Folie bedecken.

Die Fischmasse im Backofen bei maximal 70 °C in ca. 15 Minuten garen. Herausnehmen, auf ein Brett geben und in 1 cm breite Streifen schneiden. Mit etwas Sonnenblumenöl beträufeln und auf vorgewärmten Tellern locker gedreht anrichten.

SPINAT-GNOCCHI

- 150 g Kartoffeln
- 50 g Blattspinat
- Salz
- 1 Eigelb
- 40 g Weizenmehl
- 1 Prise Muskat

SPINAT-GNOCCHI

Die Kartoffeln waschen, weich kochen, pellen und durch die Kartoffelpresse drücken.

Den Spinat putzen, waschen und kurz in wenig kochendes Salzwasser geben. Herausnehmen und kalt abschrecken.

Spinat und Eigelb mit einem Stabmixer pürieren. Kartoffeln, Weizenmehl und 1 Prise Muskat dazugeben und gut miteinander vermischen.

Aus dem Teig ca. 1 cm dicke Rollen formen, in 1 cm dicke Stücke schneiden, diese zu Kugeln formen und über einen Gabelrücken drücken – so erhalten sie hübsche Streifen.

Die Spinat-Gnocchi für 2 bis 3 Minuten in kochendes Wasser geben, herausnehmen und in eiskaltem Salzwasser abschrecken; dann abtropfen lassen.

PAPRIKA-GNOCCHI

- 150 g Kartoffeln
- 1 rote Paprikaschote
- 40 g Weizenmehl
- 1 Eigelb
- Salz
- 1 Prise Muskat
- Butter und Wasser zum Schwenken

PAPRIKA-GNOCCHI

Die Kartoffeln waschen, weich kochen, pellen und durch die Kartoffelpresse drücken.

Die Paprikaschote putzen, waschen, die weißen Trennwände und Kerne entfernen und die Schote roh in einer Küchenmaschine pürieren. Das Paprikapüree erhitzen, durch ein Sieb streichen und auf eine Menge von 3 Esslöffel einkochen.

Das Püree mit den restlichen Zutaten zu einem Teig vermischen, zu Gnocchi formen, für 2 bis 3 Minuten in kochendes Wasser geben, herausnehmen und in eiskaltem Salzwasser abschrecken; dann abtropfen lassen.

Kurz vor dem Anrichten Butter und Wasser in einem Topf erwärmen und die Gnocchi darin von beiden Seiten kurz schwenken.

WEISSE GNOCCHI

- 150 g Kartoffeln
- 40 g Weizenmehl
- 2 Eigelbe
- Salz
- 1 Prise Muskat
- Butter und Wasser zum Schwenken

WEISSE GNOCCHI

Die Kartoffeln waschen, weich kochen, pellen und durch die Kartoffelpresse drücken.

Alle Zutaten zu einem glatten Teig vermengen. Wie die anderen Gnocchi formen und wie die Paprika-Gnocchi zubereiten.

Für 4 Personen

LOTTE

4 Stück Lotte an der Gräte
à ca. 200 g
1 kleines Bund Thymian
1 Knoblauchzehe
100 ml Olivenöl
2 gestr. EL Koriander
Salz, weißer Pfeffer

LOTTE

Die Lottestücke in ca. 1,5 cm dicke Scheiben schneiden und mit Küchengarn zu Medaillons binden. Auf ein Blech setzen.
Den Thymian waschen, trockenschütteln und die Blättchen abzupfen. Die Knoblauchzehe abziehen und in Scheibchen schneiden.
Olivenöl, Thymian, Knoblauch und die Gewürze vermischen, über die Medaillons gießen und diese 2 bis 3 Stunden marinieren.
Kurz vor dem Anrichten die Lottemedaillons in der Marinade in 4 bis 6 Minuten von beiden Seiten goldbraun dünsten.

GERÄUCHERTER KNOBLAUCH

12 geräucherte Knoblauchzehen
(siehe Glossar)
30 ml Olivenöl
2 Thymianzweige
50 g Speckschwarte
Salz, weißer Pfeffer
1 Prise Koriander

GERÄUCHERTER KNOBLAUCH

Die Knoblauchzehen mit sämtlichen weiteren Zutaten in einen kleinen Topf geben und erhitzen. Dann im vorgeheizten Backofen bei 180 °C in ca. 10 Minuten weich garen.

PIMENTOJUS

280 g rote Paprikaschote
100 ml Wasser
Salz
1 Prise Zucker
1 EL Ingwersaft
3 EL Olivenöl

PIMENTOJUS

Die Paprika küchenfertig vorbereiten, klein würfeln und im Wasser 1-mal aufkochen lassen. Mit einem Stabmixer pürieren und durch ein feinmaschiges Sieb streichen. Den Sud auf eine Menge von ca. 100 ml einkochen und mit Salz, Zucker und Ingwersaft abschmecken. Kurz vor dem Anrichten mit Olivenöl verfeinern.

„OSSO BUCO" VON DER LOTTE MIT GERÄUCHERTEM KNOBLAUCH, PIMENTOJUS UND TOMATENRAVIOLI

Für 4 Personen

TRAUBEN-SENF-GELEE

Die Gelatine in wenig kaltem Wasser einweichen und dann ausdrücken.
Inzwischen den Senf in die Fischessenz glatt einrühren und erwärmen – nicht kochen!
Die Gelatine darin auflösen und mit Salz, Pfeffer würzen. Die Masse in ein ca. 2 cm hohes Gefäß füllen und kalt stellen.
Kurz vor dem Anrichten das Gelee in Würfel schneiden und zuletzt dem fertigen Gericht zugeben.

TRAUBEN-SENF-GELEE
- 4 Blatt Gelatine
- 100 g Traubensenf
- 50 ml Fischessenz
- Salz, weißer Pfeffer

TOMATENRAVIOLI

TEIG

Mehl und Grieß vermischen und mit dem Ei und den Eigelben zu einem festen Teig verkneten.
Den Teig in Folie einpacken und ca. 1 Stunde kühl stellen.

TOMATENRAVIOLI

TEIG
- 300 g Mehl
- 100 g Hartweizengrieß
- 1 Ei
- 12 Eigelbe
- Mehl für die Arbeitsfläche

FÜLLUNG

Die Knoblauchzehe abziehen und würfeln. Die Basilikumblätter waschen und trockentupfen. Den Gin auf die Hälfte einkochen. Die Tomaten küchenfertig vorbereiten und würfeln. Tomaten, Zucker, Knoblauch und Basilikum mit einem Stabmixer fein pürieren. Die Masse in ein Passiertuch geben, über eine Schüssel hängen und mehrere Stunden abtropfen lassen, so dass sie völlig trocken ist.
Den gewonnenen Saft sirupartig einkochen. Die trockene Tomatenmasse durch ein feinmaschiges Sieb streichen. Die Gelatine in wenig kaltem Wasser einweichen und dann ausdrücken. Saft, Tomatenmasse, die getrockneten Tomaten und den reduzierten Gin miteinander vermischen und erwärmen. Die Gelatine darin auflösen und alles pikant abschmecken.
Die Masse in eine ca. 2 cm hohe Schale einfüllen und kalt stellen, bis sie geliert ist. Kurz vor dem Anrichten das Gelee in Rauten schneiden.

FÜLLUNG
- 1 Knoblauchzehe
- 10 g Basilikumblätter
- 4 cl Gin
- 200 g Flaschen-Tomaten
- 250 g Strauch-Tomaten
- 10 g Zucker
- 2 Blatt Gelatine
- 50 g gewürfelte Ofentomaten (siehe Glossar)
- Salz, weißer Pfeffer
- Cayennepfeffer

TOMATENRAVIOLI

Den Nudelteig ca. 0,5 cm dünn auf einer bemehlten Arbeitsfläche ausrollen. Die Tomatengelee-Rauten auf der Hälfte der Teigfläche verteilen. Mit der anderen Teighälfte bedecken und die Ränder um die Rauten fest andrücken. Mit dem Messerrücken die Form der Tomatenrauten nachdrücken und die Kanten abschneiden.
Die Ravioli in ausreichend kochendem Salzwasser ca. 3 Minuten blanchieren und in etwas Butter mit 2 Esslöffeln Kochfond vermischt wenden.

TOMATENRAVIOLI
- Salz
- 1 EL Butter

ANRICHTEN

Die heißen Lottemedaillons mit Salz und Pfeffer würzen und auf den Tellern platzieren. Die Tomatenravioli und Knoblauch heiß dazu anrichten, die Traubensenfwürfel dazugeben und den Pimentojus darüber träufeln. Mit dem Bratensaft der Lottemedaillons beträufeln. Als farbliche und geschmackliche Akzente füge ich noch kleine Würfel aus grüner, roter und gelber Paprika sowie klein gewürfelte schwarze Oliven hinzu.

GLATTBUTT
MIT MOHN IN GEMÜSESABAYON
UND ZWIEBELPIROGGE

Für 4 Personen

GLATTBUTT

Die Glattbuttfilets mit Salz, Pfeffer und Zitronensaft würzen und in der heißen Butter in 2 bis 3 Minuten auf einer Seite goldbraun anbraten. Die Filets wenden, mit dem Mohn bestreuen, mit der Bratbutter übergießen und im vorgeheizten Backofen bei 180 °C in 2 bis 3 Minuten fertig garen.

GLATTBUTT

4 Glattbuttfilets à 150 g
Salz, weißer Pfeffer
1 Spritzer Zitronensaft
50 g Butter
2 TL Mohn

GEMÜSE

Passe Pierre und Gemüse küchenfertig vorbereiten. Die Gemüse in hübsche Formen schneiden, kurz in kochendes Wasser geben, kalt abschrecken und abtropfen lassen. Anschließend die Butter erhitzen, alles kurz darin wenden und würzen.

GEMÜSE

50 g Passe Pierre
(Meeresbohnen)
100 g Karotten
100 g Sellerie
100 g Staudensellerie
100 g Kohlrabi
50 g Butter
Salz, weißer Pfeffer
1 Prise Zucker

GEMÜSESABAYON

Das Gemüse küchenfertig vorbereiten und in ca. 0,5 cm große Würfel schneiden.
Das Olivenöl in einem Topf erhitzen, die Karotten mit dem Zucker darin kurz anschwitzen und mit den Essigen ablöschen. Kochen, bis die Flüssigkeit verdampft ist.
Lauch, Zwiebeln, Staudensellerie und Tomaten zugeben und mit dem Zitronensaft beträufeln. Gewürze und Kräuter zugeben, die Fischessenz dazugießen und auf eine Flüssigkeitsmenge von ca. 2/3 einkochen lassen.
Lorbeer und die Kräuterzweige herausnehmen, die Masse mit einem Stabmixer pürieren, durch ein feinmaschiges Sieb streichen, mit Salz und Pfeffer würzen und mit Olivenöl verfeinern.

GEMÜSESABAYON

10 g Staudensellerie
10 g Lauch
15 g Zwiebeln
120 g Tomaten
100 g Karotten
10 ml Olivenöl
5 g Zucker
10 ml Himbeeressig
10 ml Estragonessig
Saft von 1/2 Zitrone
4 Korianderkörner
1/2 Lorbeerblatt
1 Thymianzweig
1 kleiner Rosmarinzweig
250 ml Fischessenz
Salz, weißer Pfeffer
50 ml Olivenöl

Für 4 Personen

ZWIEBELPIROGGE MIT ZWIEBELMUS

- 10 g Butterschmalz
- 100 g Zwiebelstreifen
- 50 g Kartoffelwürfel
- 25 ml Weißburgunder
- 60 ml Fisch- oder Geflügelfond
- 50 g Sahne
- 5 g Rosmarinnadeln
- 10 ml Olivenöl
- Salz, weißer Pfeffer
- 1 Prise Muskat

PIROGGENTEIG

- 250 g gekochte Kartoffeln
- 40 g weiche Butter
- 1 Eigelb
- 150 g Mehl
- 1 TL Grieß
- Salz
- 1 Prise Muskat
- Mehl für die Arbeitsfläche
- 500 ml Frittieröl

Außerdem:
glatte und gewellte Ausstecher von 10 cm Ø

ZWIEBELPIROGGE MIT ZWIEBELMUS

Das Schmalz erhitzen und die Zwiebelstreifen darin farblos anschwitzen. Die Kartoffeln zugeben, kurz anbraten und mit dem Weißburgunder ablöschen. Den Fischfond dazugießen und alles kochen lassen, bis die Flüssigkeit verdampft ist.
Die Sahne zugeben und auf die Hälfte einkochen. Dann die gehackten Rosmarinnadeln zugeben, mit einem Stabmixer pürieren und mit dem Olivenöl verfeinern.
Die Masse durch ein Sieb streichen, mit Salz, Pfeffer und Muskat würzen.

PIROGGENTEIG

Die Kartoffeln pellen und durch eine Kartoffelpresse drücken. Den Kartoffelbrei mit allen weiteren Zutaten vermischen und zu einem glatten Teig verarbeiten.
Den Teig dünn auf einer bemehlten Arbeitsfläche ausrollen und mit dem glattrandigen Ausstecher 8 Scheiben ausstechen.
Auf jede Scheibe ca. 1 Esslöffel Zwiebelmus geben und wie zu einem Halbmond einschlagen. Mit dem gewellten Ausstecher die Halbmonde in Form bringen. Im 180 °C heißen Frittieröl goldbraun ausbacken, herausheben und auf Küchenkrepp abtropfen lassen.

ANRICHTEN

Den Glattbutt mit dem Gemüse anrichten, die aufgeschäumte Gemüsesabayon und die heißen Zwiebelpiroggen dazugeben. Ich garniere noch mit knusprig ausgebackenen Schalottenstreifen.

TIPP

Passe Pierre (lat. Salcornia sp.) – auch als Meeresbohne bekannt und über den Fischhändler erhältlich – ist eine Sorte der Meeresalgen, die durch ihren fein aromatischen Meeresgeschmack bestechen. Die Meeresbohne wird – wie grüner Spargel auch – an den unteren Enden abgeschnitten und geputzt. Sie passt hervorragend zu Fisch- und Gemüsegerichten oder als Aromenträger für Saucen und Dips.

KABELJAU MIT MACCADAMIA-NÜSSEN GEBRATEN IM MAKKARONI-SUD

Für 4 Personen

KABELJAU

1 Kabeljaufilet à 600 g
Salz, weißer Pfeffer
1 Spritzer Zitronensaft
1 grüne Zucchini
1 gelbe Zucchini
2 TL Traubensenf
12 Maccadamia-Nüsse
2 EL Olivenöl

Das Kabeljaufilet in eine Rolle von ca. 20 cm Länge und 5 cm Ø zuschneiden. Mit Salz, Pfeffer und Zitronensaft würzen.
Die Zucchini waschen, der Länge nach in dünne Scheiben schneiden und diese kurz in kochendes Wasser geben. Herausnehmen, kalt abschrecken und auf einem Küchentuch abtropfen lassen.
Die Zucchinischeiben im farblichen Wechsel und versetzt auf eine Klarsichtfolie wie zu einer Platte auslegen, mit Traubensenf bestreichen und mit Salz und Pfeffer würzen. Das Kabeljaufilet quer an ein Ende der Zucchiniplatte legen und fest darin einrollen. Zum Fixieren in eine Alufolie wickeln und kühl stellen.
Die Rolle in 5 bis 6 cm breite Scheiben aufschneiden und Folie entfernen. Die Maccadamia-Nüsse grob hacken, auf die Kabeljauscheiben geben, mit Olivenöl beträufeln und nochmals würzen.
In eine Pfanne geben und im vorgeheizten Backofen bei 180 °C ca. 5 bis 7 Minuten garen, bis die Nüsse goldbraun sind.

MAKKARONI-SUD

150 g Makkaroni
Salz
20 g Butter
25 g Schalottenwürfel
25 ml Weißwein
25 ml Noilly Prat
20 ml weißer Portwein
150 ml Hummerbisque
(siehe Seite 109)
150 ml Fischessenz
50 g gewürfelte Ofentomaten
(siehe Glossar)
10 g schwarze Olivenwürfel
100 g Limettenfilets

Die Makkaroni in kochendem Salzwasser al dente garen, in einem Sieb abgießen und abtropfen lassen. Dann in sehr feine Scheibchen schneiden.
Die Butter erhitzen und die Schalotten darin anschwitzen. Mit Weißwein, Noilly Prat und Portwein ablöschen und die Flüssigkeit vollständig einkochen lassen.
Die Hummer- und Fischessenz dazugießen und auf die Hälfte einkochen lassen. Tomaten, Oliven und Makkaroni zugeben, 1-mal aufkochen und kurz vor dem Servieren die Limettenfilets dazugeben.

ZUCCHINI-STREIFEN

1 kleine grüne Zucchini
1 kleine gelbe Zucchini
30 g Butter
Salz, weißer Pfeffer
1 Prise Zucker

Die Zucchini waschen und der Länge nach in dünne Streifen von ca. 10 cm Länge schneiden.
Die Butter erhitzen und die Zucchinistreifen darin in 1 Minute anschwitzen. Mit Salz, Pfeffer und Zucker würzen.

ANRICHTEN

Den Sud in tiefe Teller füllen, die Zucchinistreifen in der Mitte platzieren und die Kabeljauscheiben darauf setzen.

SUPRÈME VOM STEINBUTT AUF BANANENCREME MIT TRÜFFELN UND GEBACKENER CROUSTADE

Für 4 Personen

BANANENCREME

500 g Sahne
200 ml Fischfond
100 ml Weißwein
200 ml Trüffelsaft
1 Msp. Vitamin-C-Pulver
1 EL Milchpulver
2 Bananen
Salz

BANANENCREME

Sahne, Fischfond, Weißwein, 150 ml Trüffelsaft, das Vitamin-C- und Milchpulver in einen Topf geben und auf eine Menge von 400 ml einkochen.
Die Bananen schälen, in Scheiben schneiden und dazugeben. Die Masse mit einem Stabmixer pürieren und durch ein feinmaschiges Sieb streichen. Mit Salz und dem restlichen Trüffelsaft abschmecken.

BANANENCONFIT

15 g Zucker
1 cl Cognac
2 cl Madeira
2 cl Portwein
Mark von 1/2 Vanillestange
100 ml Weißwein
40 g Butter
20 ml Trüffelsaft
1 Prise Salz
1 Banane

BANANENCONFIT

Den Zucker in einem kleinen Topf karamellisieren lassen; mit Cognac, Madeira und Portwein ablöschen. Das Vanillemark zugeben und die Flüssigkeit vollständig einkochen lassen.
Den Weißwein zugießen und auf die Hälfte einkochen lassen. Dann die Butter einrühren und mit Trüffelsaft abschmecken.
Die Banane schälen, in Scheiben schneiden und in 2/3 des Fonds kurz wenden.

BANANENCROUSTADE

1 Banane
1/3 des Bananenconfits
5 Trüffelscheibchen, ca. 1 mm dick
1 Frühlingsrollenblatt, 25 x 25 cm
etwas Eiweiß zum Einstreichen
500 ml Frittieröl
Salz

BANANENCROUSTADE

Die Banane schälen, der Länge nach halbieren und mit dem Bananenconfit beträufeln.
Die Trüffelscheiben auf die Innenfläche einer Bananenhälfte legen und mit der zweiten Hälfte zudecken.
Das Frühlingsrollenblatt mit Eiweiß bestreichen und die Banane darin fest einschlagen.
Nun 8 ca. 1 cm dicke Scheiben schneiden und im 180 °C heißen Frittieröl ausbacken.
Herausnehmen und auf Küchenkrepp abtropfen lassen. Mit Salz würzen.

TRÜFFELJUS

15 g schwarze Wintertrüffeln
10 g Butter
1 cl Cognac
1 cl Madeira
1 cl roter Portwein
20 ml Trüffelsaft
50 ml Madeirasauce (siehe Glossar)
Salz, schwarzer Pfeffer
20 g Butter

TRÜFFELJUS

Die Trüffeln klein würfeln und in der heißen Butter anschwitzen. Mit Cognac, Madeira und Portwein ablöschen und die Flüssigkeit vollständig einkochen lassen.
Den Trüffelsaft dazugießen und auf die Hälfte einkochen lassen. Nun die Madeirasauce zugeben und vorsichtig mit Salz und Pfeffer abschmecken. Mit kalten Butterflocken verfeinern.

STEINBUTT

4 Steinbuttfilets ohne Haut à 150 g
Salz
1 Spritzer Zitronensaft
60 g Butter

STEINBUTT

Die Steinbuttfilets mit Salz und Zitrone würzen.
Die Butter erhitzen und die Filets darin in 2 bis 3 Minuten von beiden Seiten goldbraun anbraten. Im vorgeheizten Backofen bei 180 °C in weiteren 2 bis 3 Minuten fertig garen.

ANRICHTEN

Die Bananencreme auf den Tellern glatt verstreichen, Bananenconfit und Bananencroustade obenauf platzieren und darauf die nochmals gewürzten Steinbuttfilets setzen. Die Trüffeljus angießen. Ich gieße noch etwas reduzierte Fischsauce dazu.

KARPFEN-CANNELLONI MIT GERÄUCHERTER GÄNSELEBER, BALSAMICO-NUSS-BUTTER UND GEMÜSELINSEN

Für 4 Personen

KARPFEN-CANNELLONI

200 g Spinatblätter
150 g feste Gänseleber
Salz, weißer Pfeffer
1 Prise Koriander
4 cl weißer Portwein
4 Karpfenfilets à 150 g
etwas Zitronensaft
100 g Fischfarce
(siehe Seite 63, Savarinmasse)
4 Blätter Brick- oder
Frühlingsrollenteig
2 Eiweiß
50 g zerlassene Butter
1 l Frittieröl

KARPFEN-CANNELLONI

Die Spinatblätter putzen, waschen und für ca. 2 Sekunden in kochendes Wasser geben. Herausnehmen, kalt abschrecken und auf einem Küchentuch nebeneinander auslegen.
Die Gänseleber in 4 gleich große Rollen von ca. 10 cm Länge und 2 cm Stärke formen; mit Salz, Pfeffer und Portwein würzen.
Das Karpfenfilet in 4 gleich große Rechtecke von ca. 10 cm Länge und 7 cm Breite schneiden – die Faserung sollte längs verlaufen. Mit Salz, Pfeffer, Koriander und Zitronensaft würzen und dünn mit der Hälfte der Fischfarce bestreichen.
Die Spinatblätter zu 4 Matten in der Größe der Karpfenstücke formen und die Karpfenrechtecke damit bedecken. Mit der restlichen Farce bestreichen, jeweils 1 Gänseleberrolle der Länge nach darauf legen und fest einrollen.
Die Brickteigblätter auslegen und mit Eiweiß bestreichen. Die Karpfenrollen darauf legen und fest darin einwickeln. Die Seiten einschlagen und die Teigrollen mit der zerlassenen Butter bestreichen.
Das Frittieröl auf 170 °C erhitzen und die Karpfen-Cannelloni darin in ca. 4 bis 5 Minuten knusprig ausbacken. Herausheben, auf Küchenkrepp abtropfen lassen und 2 Minuten ruhen lassen. Der Gänseleberkern sollte nur leicht lauwarm sein. Würzen und die beiden Seitenränder dünn anschneiden.

LINSEN

20 ml Olivenöl
50 g Zwiebelwürfel
40 g Speckwürfel
100 g schwarze,
eingeweichte Linsen
10 g Tomatenmark
1 EL roter Balsamico-Essig
1 kleine Knoblauchzehe
1 Sardellenfilet
4 Kapern
125 ml Gemüsebrühe
50 g Kartoffelwürfel
30 g Karottenwürfel
20 g Lauchwürfel
1 kleine gewürfelte Essiggurke
Salz, weißer Pfeffer
1 Prise Zucker
1 EL Kalbsjus

LINSEN

Das Olivenöl erhitzen und die Zwiebeln und Speckwürfel darin in ca. 2 Minuten anbraten.
Die abgetropften Linsen und das Tomatenmark zugeben und leicht anrösten lassen. Mit Essig ablöschen und die Flüssigkeit vollständig einkochen lassen.
Inzwischen die Knoblauchzehe abziehen und zusammen mit den Sardellen und Kapern fein hacken. In den Linsentopf einrühren und die Brühe dazugießen.
Kartoffeln, Karotten, Lauch und Essiggurke zugeben und alles sämig einkochen. Nun würzen und eventuell mit kräftigem Kalbsjus verfeinern.

BALSAMICO-NUSS-BUTTER

20 g Butter
50 g roter Balsamico-Essig
1 Prise Zucker
$^1/_2$ TL englisches Senfpulver
(siehe Glossar)
1 TL Wasser

BALSAMICO-NUSS-BUTTER

Die Butter schmelzen und bräunen lassen, so dass sie einen nussigen Geschmack bekommt. Den Balsamico bis auf $^1/_3$ der Menge einkochen lassen und dann in die gebräunte Butter einrühren. Den Topf von der Herdplatte nehmen, die Gewürze und das Wasser dazugeben und warm mit einem Stabmixer aufschlagen.

ANRICHTEN

Die Linsen auf den Tellern anrichten, die Balsamico-Nuss-Butter darüber träufeln und die Karpfen-Cannelloni obenauf in der Mitte platzieren. Ich garniere noch mit ausgebackenen Hörnchenkartoffeln und gebe bei Bedarf etwas Fischsauce zu.

FLEISCH

GANZER SOMAFER LAMMRÜCKEN MIT OLIVENSALSA, PROVENÇALISCHEN KARTOFFELWÜRFELN, GRIESSROULADE UND PAPRIKAKOMPOTT

Für 4 Personen

SOMAFER LAMMRÜCKEN

1 Somafer Lammrücken, ca. 1,8 kg
1 Knollensellerie
Salz
2 rote Paprikaschoten
2 gelbe Paprikaschoten
5 EL Olivenöl
schwarzer Pfeffer
10 große Shiitake-Pilze
1 Zwiebel
1 Lauchstange
50 g Butter
3 Eier
200 g Weißes vom Toastbrot
20 g Thymianblättchen
20 g Kerbelblättchen
100 g fein gehackte Petersilie
2 EL Moutarde-de-Meaux-Senf
1 Msp. Knoblauchsalz
500–600 g Schweinenetz
2 Eier

SOMAFER LAMMRÜCKEN

Den Lammrücken von der groben Fettschicht befreien und parieren (den Metzger darum bitten). Den ausgelösten Lammrücken flach auf einem Blech auslegen.
Den Sellerie waschen und samt Schale ca. 20 Minuten in reichlich Salzwasser kochen. Herausnehmen, erkalten lassen, schälen und in 0,5 cm dicke Scheiben schneiden.
Die Paprikaschoten waschen, trockentupfen, mit Olivenöl bestreichen und für 15 Minuten im auf 150 °C vorgeheizten Backofen garen. Herausnehmen, die Haut abziehen, die Früchte halbieren, Kerne und weiße Innenhäute entfernen und die Fruchthälften in ca. 5 cm breite Platten schneiden, flach auslegen und würzen.
Die Shiitake-Pilze putzen, bei Bedarf waschen und die Stiele entfernen. In wenig Olivenöl leicht anbraten, dabei mit Salz und Pfeffer würzen; dann beiseite stellen.
Die Zwiebel abziehen und würfeln. Den Lauch putzen, waschen und in dünne Scheiben schneiden. Beides in der heißen Butter anschwitzen, mit Salz und Pfeffer würzen und erkalten lassen.
Die Eier hart kochen, kalt abschrecken, pellen und fein würfeln. Das Toastbrot in 0,5 cm große Würfel schneiden und in wenig heißem Olivenöl goldgelb anrösten.
Eierwürfel, Lauch, Zwiebel, Kräuter und 1 Esslöffel Senf in eine Schüssel geben und alles glatt miteinander vermischen. Das Toastbrot unterziehen und die Masse mit Salz und Pfeffer abschmecken.
Den Lammrücken mit Salz, Pfeffer und Knoblauchsalz würzen und mit dem restlichen Senf dünn einstreichen.
Den Lammrücken wie folgt füllen: Den Rücken innen mit einer dünnen Schicht Ei-Toast-Masse bestreichen, die Selleriescheiben flach einlegen, die Paprikastreifen gleichmäßig übereinander darauf legen und wieder mit etwas Ei-Toast-Masse bestreichen. Die Seitenwände des Lammrückens nach oben klappen und die Füllung mit den Pilzkappen bedecken.
Den gefüllten Lammrücken in das Schweinenetz eng einwickeln und mit Küchengarn fest binden. Den ummantelten Lammrücken von allen Seiten mit Olivenöl bestreichen.
Den Lammrücken von allen Seiten goldbraun anbraten und für 15 bis 20 Minuten im vorgeheizten Backofen bei 200 °C (Umluft) backen. Auf einem Gitter auskühlen lassen und ca. 3 Stunden bei 75 °C ruhen lassen – am besten die Ofentür einen Spalt offen lassen.

Für 4 Personen

PAPRIKAGEMÜSE

Die Paprikaschoten waschen und trockentupfen. Mit der Hälfte des Olivenöls einreiben und zusammen mit den Thymianzweigen und der zerdrückten Knoblauchzehe im Backofen auf einem Blech bei 150 °C ca. 15 Minuten schmoren.
Die Schoten herausnehmen, schälen, halbieren, Kerne und weiße Trennwände entfernen und das Fruchtfleisch in kleine Rauten schneiden. Die Rauten würzen und mit restlichem Olivenöl marinieren und ca. 1 Stunde ziehen lassen.

PAPRIKAGEMÜSE

1 rote Paprikaschote
1 gelbe Paprikaschote
100 ml Olivenöl
2 Thymianzweige
1 Knoblauchzehe
Salz
1 Prise Rosenpfeffer
1 Prise Koriander
Cayennepfeffer

PROVENÇALISCHE KARTOFFELWÜRFEL

Zucchini und Aubergine waschen und der Länge nach in ca. 3 mm dicke Scheiben aufschneiden. Die Knoblauchzehe abziehen und fein hacken. Die Thymianblättchen vom Zweig zupfen.
Das Olivenöl erhitzen und sämtliche vorbereiteten Zutaten darin kurz von allen Seiten anbraten. Mit Salz und Pfeffer würzen und auskühlen lassen.
In eine quadratische Form von ca. 10 cm Seitenlänge und 2 cm Höhe zuerst die Tomaten einlegen, dann die Zucchini- und darauf die Auberginenscheiben schichten.
Die Gemüselasagne leicht anfrieren lassen, damit sie beim Aufschneiden nicht auseinander fällt. Dann in 2 cm große Würfel schneiden.
Die Kartoffel waschen, schälen und in dünne Streifen von 2 cm Breite und 8 cm Länge schneiden. Diese kurz in kochendem Wasser blanchieren, herausnehmen und kalt abschrecken.
Die Kartoffelstreifen über Kreuz auf ein Brett legen, mit Eiweiß bestreichen, dann die Lasagnewürfel in die Mitte auflegen und Seite um Seite einschlagen. Die Würfel mit 2 Zahnstochern fixieren und bei 150 °C im Fett ausbacken.

PROVENÇALISCHE KARTOFFELWÜRFEL

1 grüne Zucchini
1 Aubergine
1 Knoblauchzehe
1 Thymianzweig
40 ml Olivenöl
Salz, schwarzer Pfeffer
100 g Ofentomaten
(siehe Glossar)
1 große Kartoffel
1 Eiweiß

Außerdem:
Zahnstocher

OLIVEN-SALSA

Die entsteinten Oliven und Tomaten fein würfeln. Die Knoblauchzehen abziehen und durch eine Presse drücken. Alle Zutaten miteinander vermischen und die Salsa pikant abschmecken.

OLIVEN-SALSA

30 g grüne entsteinte Oliven
30 g schwarze entsteinte Oliven
30 g Ofentomaten
(siehe Glossar)
2 Knoblauchzehen
1 TL schwarze Olivenpaste
80 ml Olivenöl
1 Msp. Meersalz
schwarzer Pfeffer

AUBERGINENRAVIOLI

Die Aubergine waschen und in ca. 2 mm dünne Scheiben schneiden. Das Eiweiß mit einer Gabel aufschlagen und die Auberginenscheiben damit dünn bestreichen.
Den Käse in 4 dünne Scheiben aufschneiden. Jeweils 1 Käsescheibe auf 1 Auberginenscheibe legen und mit einer weiteren Auberginenscheibe bedecken.
Diese fest andrücken und das Auberginenravioli in etwas Mehl wenden.
Das Olivenöl erhitzen, den Thymianzweig dazugeben und die Ravioli auf beiden Seiten in insgesamt 1 Minute goldbraun anbraten.

AUBERGINENRAVIOLI

1 Aubergine
1 Eiweiß
100 g Gaperon
(Rohmilchkäse)
30 g Mehl zum Wenden
2 EL Olivenöl
1 Thymianzweig

Für 4 Personen

SCHALOTTENCONFIT

600 g Schalotten
1 Knoblauchzehe
50 g Olivenöl
1 Thymianzweig
50 ml Estragonessig
1 Prise Zucker
100 ml roter Portwein
600 ml kräftige Kalbsjus
Salz, schwarzer Pfeffer

GRIESSROULADE

100 ml roter Portwein
500 ml Kalbs-
oder Geflügelfond
1 Knoblauchzehe
1 Thymianzweig
schwarzer Pfeffer
4 Korianderkörner
1/2 TL Curry
300 g Hartweizengrieß
2 Eigelbe
1 EL Olivenöl

SCHALOTTENCONFIT

Die Schalotten abziehen und fein würfeln. Die Knoblauchzehe abziehen und zerdrücken. Das Olivenöl erhitzen, die Schalotten darin anschwitzen und den Knoblauch und Thymian zugeben. Mit Estragonessig ablöschen und dem Zucker würzen. Die Flüssigkeit völlig einkochen lassen.
Portwein und Kalbsjus dazugießen und bei geringer Hitze auf eine Menge von ca. 200 ml einkochen lassen; danach mit Salz und Pfeffer abschmecken.

GRIESSROULADE

Portwein und Fond mit der zerdrückten Knoblauchzehe und sämtlichen Gewürzen aufkochen und 10 Minuten ziehen lassen.
Anschließend die Flüssigkeit durch ein Sieb abgießen und nochmals aufkochen lassen. Den Grieß einrühren und die Masse mit dem Kochlöffel so lange umrühren, bis sie sich kompakt vom Topfboden löst. Den Topf von der Herdplatte ziehen, ca. 10 Minuten ausquellen lassen und dann die Eigelbe glatt einarbeiten.
Die Grießmasse zwischen zwei Klarsichtfolien dünn zu einem Rechteck von 30 x 10 cm ausrollen, mit dem erkalteten Schalottenconfit bestreichen und zu einer Roulade einrollen. Anschließend fest in Folie einwickeln und kalt stellen.
Die Roulade in 1 cm dünne Scheiben aufschneiden. Das Olivenöl erhitzen und die Scheiben darin kurz auf beiden Seiten anbraten.

ANRICHTEN

Den Lammrücken in ca. 2 cm dicke Scheiben aufschneiden, in der Mitte des Tellers anrichten und mit Bratensaft umgießen. Die halbierten provençalischen Kartoffelwürfel, Grießrouladen-Scheiben, geschmorte Paprikarauten und Auberginenravioli außen herum anrichten. Ich gebe noch einige Kartoffel-Salbei-Chips und Knoblauchchips mit dazu und beträufele alles mit Oliven-Salsa.

TIPP

Im März/April gebe ich auch fein geschnittenen Bärlauch in die Oliven-Salsa.
Der Gaperon wird aus Butter- oder Magermilch hergestellt und mit Knoblauch und Pfeffer gewürzt. Es ist ein geschmeidiger bis weicher Käse mit vielen unregelmäßigen Löchern. Die kleinen halbkugelförmigen Käselaibe haben eine dünne Weißschimmelrinde und reifen teilweise noch auf Strohmatten. Die Farbe des Teiges ist weißgelb, die der Rinde weiß bis hellgrau. Im Geschmack ist der Käse fein säuerlich und sehr pikant.

SCHWÄBISCH HALLER JUNGSCHWEINRÜCKEN MIT SPECK, BERGKÄSE UND WALDPILZ-SCHMARREN

Für 4 Personen

JUNGSCHWEINRÜCKEN

Den Schweinerücken etwas flach drücken und längs ca. 2 cm tief einschneiden. Die Einschnittstelle von den Seiten her v-förmig erweitern, zu einer Tasche auseinander ziehen und mit Salz, Pfeffer und Paprikapulver bestreuen.
Den Käse reiben und in einem Töpfchen anschmelzen, bis er formbar ist; dann 2 Röllchen daraus formen.
Diese in die Schweinerücken-Tasche legen und das Fleisch zusammendrücken, so dass der Braten seine ursprüngliche Form erhält. Den Rücken mit den Speckscheiben zu einer Art Rollbraten umwickeln, mit Küchengarn gleichmäßig binden und ca. 2 Stunden kalt stellen.
Kurz vor dem Servieren den Schweinerücken-Braten in ca. 2 cm dicke Scheiben aufschneiden, mit Salz und Pfeffer leicht würzen und mit etwas Mehl bestäuben. Die Scheiben in nicht zu heißem Olivenöl in insgesamt 4 bis 5 Minuten auf beiden Seiten goldbraun anbraten. Kurz ruhen lassen, das Küchengarn entfernen und auf Tellern anrichten.

JUNGSCHWEINRÜCKEN

600 g Jungschweinrücken
ohne Knochen
Salz, schwarzer Pfeffer
2 TL mildes Rosenpaprika-Pulver
150 g Bergkäse
(z. B. gereifter Comté)
100 g dünne Speckscheiben
(z. B. Pancetta)
Mehl zum Wenden
Olivenöl zum Braten

EINGELEGTE PILZE

Die Pilze putzen, große Exemplare halbieren. Die Knoblauchzehen abziehen; die Schalotten abziehen und vierteln. Rosmarinnadeln und Thymianblättchen von den Zweigen streifen.
Das Olivenöl erhitzen, die Pilze darin in ca.1 Minute goldbraun von allen Seiten anbraten. Dann Knoblauch, Schalotte, Kräuter und den Räucherspeck zugeben und in 1 bis 2 Minuten anbraten.
Mit dem Balsamico-Essig ablöschen und mit Salz, Pfeffer, Koriander und Zucker abschmecken. Die Pilzmischung in ein Einmachglas einfüllen und so viel Olivenöl dazugießen, bis alle Zutaten im Glas bedeckt sind. Mindestens 3 Stunden marinieren.

EINGELEGTE PILZE

200 g Shiitake-Pilze
100 g Egerlinge
100 g Pfifferlinge
4 Knoblauchzehen
2 Schalotten
2 Rosmarinzweige
2 Thymianzweige
200 ml Olivenöl
100 g Räucherspeckschwarte
100 ml weißer Balsamico-Essig
Salz, schwarzer Pfeffer
1 Prise Koriander
1 Prise Zucker
Olivenöl zum Auffüllen

Für 4 Personen

CHICORÉE-PILZ-GEMÜSE

100 ml weißer Balsamico-Essig
2 Wacholderbeeren
1 Nelke
1 Lorbeerblatt
1 Thymianzweig
50 ml Apfelsaft
100 ml kräftiger Geflügelfond
10 g Waldblütenhonig
100 ml Traubenkernöl
Salz, schwarzer Pfeffer

400 g Chicorée
200 g eingelegte Pilze
(siehe linke Seite)

WALDPILZ-SCHMARREN

100 g Pfifferlinge
100 g Egerlinge
100 g Champignons
3 Eier
130 g Butter
100 ml Milch
75 g Sahne
1 EL Quark
Salz, schwarzer Pfeffer
125 g Mehl
80 ml Olivenöl
150 g Bergkäse
20 g Kerbel

CHICORÉE-PILZ-GEMÜSE

Balsamico-Essig, Wacholder, Nelke, Lorbeer und Thymian in einen kleinen Topf geben und in ca. 2 bis 3 Minuten auf eine Menge von ca. 70 ml einkochen.
Apfelsaft und Geflügelfond zugeben und alles in weiteren 4 bis 5 Minuten auf ca. die Hälfte der Flüssigkeitsmenge einkochen lassen (das sind dann ca. 110 ml). Durch ein Sieb abgießen und in einen Mixbecher einfüllen.
Mit einem Stabmixer den Honig unterrühren und das Traubenkernöl einfließen lassen. Mit Salz und Pfeffer würzen.
Den Chicorée putzen, waschen und die Blätter in schöne Formen (ich schneide Dreiecke und Quadrate von ca. 1,5 cm Seitenlänge) schneiden. Die eingelegten Pilze aus dem Glas zugeben, mit den Chicoréeblättern mischen und mit der Marinade übergießen.

WALDPILZ-SCHMARREN

Die Pilze putzen, große Exemplare halbieren. Die Eier trennen. Das Eiweiß steif schlagen. 50 Gramm Butter zerlassen.
Die Eigelbe mit der Milch, Sahne, Quark und Butter glatt verrühren und mit Salz und Pfeffer würzen. Das Mehl unterziehen und danach den Eischnee unterheben.
Das Olivenöl erhitzen und die Pilze darin in ca. 1 Minute von allen Seiten anbraten. Mit Salz und Pfeffer würzen.
Die restliche Butter in einer Pfanne erhitzen, den Teig eingießen und stocken lassen. Die gebratenen Pilze obenauf legen und die Pfanne für 5 Minuten in den auf 180 °C vorgeheizten Backofen geben, so dass der Schmarren aufgeht.
Inzwischen den Bergkäse reiben. Den Schmarren damit bestreuen und in 1 knappen Minute bei Oberhitze im Backofen gratinieren lassen.
Den Kerbel waschen und fein schneiden. Den Schmarren herausnehmen und wie eine Pizza aufschneiden. Mit dem Kerbel bestreuen.

ANRICHTEN

Das heiße Schweinesteak auf dem Chicoréegemüse anrichten. Den Waldpilz-Schmarren daneben legen und mit eingelegten Pilzen garnieren.

TIPP

Kräuter sollten immer mit einem scharfen Messer fein geschnitten werden. Hackt man sie, z. B. mit einem Wiegemesser, dann wird die Zellstruktur zu schnell zerstört und die Aromen gehen verloren.

Für 4 Personen

MAISPOULARDENBRÜSTCHEN

8 getrocknete Pflaumen
3 cl Armagnac
4 Maispoulardenbrüste
2 EL Olivenöl zum Braten
1 EL Butter

MAISPOULARDENBRÜSTCHEN

Die Pflaumen in Scheiben schneiden und mit Armagnac marinieren.
Die Brusthaut mit einem Löffelstiel in der Mitte leicht ablösen und in den entstandenen Hohlraum die Pflaumen hineinschieben. Anschließend die Haut andrücken und die Brust wieder in ihre ursprüngliche Form bringen.
Das Olivenöl erhitzen, die Brüstchen darin nur auf der Hautseite in ca. 1 Minute goldbraun anbraten und im vorgeheizten Backofen bei 180 °C ca. 4 bis 5 Minuten garen. Die Brüstchen warm stellen und vor dem Anrichten in der Butter wenden.

KEULEN

2 Maispoulardenkeulen
Salz, schwarzer Pfeffer
150 g Blattspinat
2 Granny-Smith-Äpfel
80 g Butter
2 EL Weißwein
100 g Gänseleber
3 cl Armagnac
8 getrocknete Pflaumen
200 g Schweinenetz
100 ml Olivenöl

KEULEN

Die Keulen auslösen, die Haut abziehen und Sehnen entfernen (den Metzger darum bitten).
Das Keulenfleisch zwischen Klarsichtfolie rechteckig flach klopfen und dann mit Salz und Pfeffer würzen.
Den Spinat waschen, blanchieren, flach auf einem Tuch auslegen und darauf anpressen.
Die Äpfel schälen, in ca. 1 cm dicke Stäbchen schneiden und in 30 Gramm heißer Butter und dem Weißwein in ca. 1 Minute anschwitzen. Anschließend auskühlen lassen.
Die Gänseleber in ebenso breite Stäbchen schneiden und mit Salz, Pfeffer und Armagnac marinieren. Die Pflaumen ebenfalls in passende Stücke schneiden.
Äpfel, Gänseleber und Pflaumen schachbrettartig auf die Spinatblätter setzen und alles fest einrollen. Die Rolle auf die plattierten Keulen geben und mit Hilfe der Klarsichtfolie rund formen. Die Keulen auf das ausgelegte Schweinenetz geben und darin einrollen.
Das Olivenöl erhitzen, die Keulen im Schweinenetz darin anbraten und im vorgeheizten Backofen bei 180 °C ca. 6 bis 8 Minuten garen. Vor dem Anrichten in der restlichen heißen Butter wenden.

EINGELEGTE PFLAUMEN

100 ml Rotwein
$1/2$ Zimtstange
Schale von $1/2$ Orange
200 ml Portwein
8 Trockenpflaumen

EINGELEGTE PFLAUMEN

Den Rotwein mit der Zimtstange und Orangenschale aufkochen, auf $1/3$ der Flüssigkeitsmenge einkochen lassen, dann den Portwein dazugießen und erneut aufkochen. Die Trockenpflaumen zugeben, den Topf von der Herdplatte nehmen und zugedeckt ca. 3 Stunden ziehen lassen.

MAISPOULARDE IN PFLAUMENJUS MIT WEISSKRAUT, PFEFFERWÜRSTLE UND GEFÜLLTEN ZWIEBELBONBONS

Für 4 Personen

PFLAUMENJUS

Das Gemüse küchenfertig vorbereiten und grob würfeln.
Das Olivenöl erhitzen, die Perlhuhnkarkassen darin goldbraun anbraten, das Gemüse dazugeben und ebenfalls anbraten.
Orangenschale und -saft zugeben, mit dem Rotwein und Pflaumensaft ablöschen und die Flüssigkeit vollständig einkochen.
Anschließend den Portwein zugeben und erneut einkochen. Dann mit Geflügelfond auffüllen, sämtliche Gewürze dazugeben und alles bei geringer Hitze zugedeckt ca. 2 Stunden ziehen lassen.
Den Fond durch ein Sieb abgießen und auf eine Menge von ca. 500 ml einkochen. Die kalte Butter einschwenken und nochmals mit Salz und Pfeffer abschmecken.

PFLAUMENJUS

150 g Zwiebeln
100 g Lauch
50 g Staudensellerie
3 Tomaten
3 EL Olivenöl
2 Perlhuhnkarkassen, ca. 800 g
1 Msp. Orangenschale
Saft von 1 Orange
300 ml Rotwein
300 ml Pflaumensaft
200 ml Portwein
1,2 l Geflügelfond
3 Nelken
1 Zimtstange
2 Lorbeerblätter
1 Thymianzweig
Salz, schwarzer Pfeffer
20 g Butter

PFEFFER-WÜRSTLE

Die Äpfel schälen, das Fruchtfleisch würfeln und dabei entkernen. Die Hälfte der Apfelwürfel, mit Apfelsaft, Preiselbeersaft, Rotwein und Thymian in einem Topf kochen, bis die Flüssigkeit vollständig verkocht ist. Danach die Äpfel mit der Kartoffelpresse in eine Schüssel pressen und die Masse mit Salz, Pfeffer und 1 Prise Zucker würzen.
Preiselbeersaft und Rotwein mit den Gewürzen zu einem Sirup einkochen lassen. Die Masse durch ein Sieb streichen und mit dem Apfelbrei vermischen. Die restlichen Apfelwürfel, Meerrettich und grünen Pfeffer zugeben und nach Geschmack mit Salz, Pfeffer und Zucker würzen. Die Masse kalt stellen. Nach dem Erkalten in einen Naturdarm (18/20, siehe Tipp) füllen und in ca. 3 cm lange Würste abbinden. Die Würstle vor dem Anrichten in einem heißen Pflaumenjus aufwärmen.

PFEFFER-WÜRSTLE

500 g Delicious-Äpfel
100 ml Apfelsaft
100 ml Preiselbeersaft
500 ml Rotwein
1 Thymianzweig
Salz, schwarzer Pfeffer
Zucker
100 ml Preiselbeersaft
500 ml Rotwein
1 Thymianzweig
4 Korianderkörner
4 Pfefferkörner
1 Lorbeerblatt
100 g Apfelwürfel
5 g Meerrettich
10 g eingelegter, ganzer grüner Pfeffer

ZWIEBEL-BONBONS

Das Olivenöl erhitzen und die Schalotten darin glasig anschwitzen. Die in der Schale zerdrückte Knoblauchzehe und den Thymianzweig zugeben, mit Essig ablöschen und die Flüssigkeit einkochen lassen.
Portwein und Jus zugeben und die Flüssigkeit erneut vollständig einkochen lassen. Mit Salz, Pfeffer und Zucker würzen. Die Masse erkalten lassen.
Auf jedes Teigblättchen ca. 1 Teelöffel Zwiebelmasse setzen, die Teigränder mit Eiweiß bestreichen und nach oben zusammenklappen. Mit Küchengarn zu einem Päckchen fest binden. Im Frittieröl bei 160 °C schwimmend goldbraun ausbacken. Die Schnur entfernen, auf Küchenkrepp abtropfen lassen und würzen.

ZWIEBEL-BONBONS

50 ml Olivenöl
300 g Schalottenwürfel
1 Knoblauchzehe
1 Thymianzweig
30 ml Estragonessig
50 ml Portwein
400 ml Geflügeljus
Salz, schwarzer Pfeffer
1 Prise Zucker
20 Wan-tan-Blätter, 8 x 8 cm
1 Eiweiß
500 ml Frittieröl

KARAMELLISIERTES WEISSKRAUT

Das Weißkraut küchenfertig vorbereiten und in kleine Blättchen schneiden.
Den Zucker in einem beschichteten Topf karamellisieren und mit Estragonessig ablöschen. Den Essig einkochen, dann den Apfelsaft, Thymian, Kümmel, Lorbeerblätter, Nelken und Piment zugeben, aufkochen und ca. 20 Minuten zugedeckt ziehen lassen. Dann durch ein Sieb abgießen.
Das Schmalz in einem Topf erhitzen, die Zwiebelwürfel darin glasig anschwitzen, die Speckwürfel zugeben und mit dünsten. Das Weißkraut zugeben und salzen, damit es Flüssigkeit abgibt. Den Geflügelfond und Gewürzfond aufgießen und im zugedeckten Topf langsam in ca. 20 Minuten weich garen. Nach Bedarf mit Salz und Pfeffer würzen.

KARAMELLISIERTES WEISSKRAUT

1 kg Weißkraut
20 g Zucker
60 ml Estragonessig
200 ml Apfelsaft
2 Thymianzweige
1 TL Kümmel
2 Lorbeerblätter
3 Nelken
5 Pimentkörner
100 g Schmalz
200 g Zwiebelwürfel
50 g Speckwürfel
Salz
500 ml Geflügelfond
schwarzer Pfeffer

ANRICHTEN

Das Weißkraut auf den Tellern verteilen, Poulardenbrust und Keule aufschneiden und darauf setzen. In Portwein eingelegte Trockenpflaumen kurz in der Pflaumenjus erwärmen und mit den Pfefferwürstle und Zwiebelbonbons neben der Maispoularde anrichten. Abschließend die Sauce um das Gericht geben.

TIPP

Ich verwende dazu Schafsdärme, sogenannte Saitlinge, mit einer Größe von 18/20, was der kleinsten Einheit entspricht.

REHKEULE IM SALZTEIG GEBACKEN MIT TANNENZWEIGEN, HAGEBUTTE UND ROSENKOHL-KARTOFFEL-AUFLAUF

Für 4 Personen

MARINADE

1 l Buttermilch
1 Zwiebel
1 kleine Lauchstange
1 Karotte
1/4 Sellerieknolle
1/2 Orange,
2 cm groß gewürfelt
1 Lorbeerblatt
2 Nelken
10 Pimentkörner
6 Wacholderbeeren
1 Knoblauchzehe
1 Thymianzweig
1 Rosmarinzweig
1 kleines Bund Kerbel
1 kleines Bund Petersilie
1 Tannenzweigspitze
30 ml Gin
30 ml Cointreau

MARINADE

Alle Zutaten küchenfertig zubereiten, miteinander vermischen und die Rehkeulenstücke darin einlegen. 1 bis 2 Tage ziehen lassen.

REHKEULE

600 g ausgelöste parierte Rehkeule
250 g grüner Speck
Öl zum Anbraten

REHKEULE

Kurz vor dem weiteren Verarbeiten die Fleischstücke aus der Marinade nehmen und mit Küchenkrepp trockentupfen. In einer Pfanne mit etwas Olivenöl ringsherum kurz und heiß anbraten. Nicht salzen! Herausnehmen und auf einem Gitter auskühlen lassen.

GEMÜSESTREIFEN

50 g Lauchstreifen
50 g Karottenstreifen
50 g Selleriestreifen

GEMÜSESTREIFEN

Die Gemüsestreifen in wenig kochendem Wasser kurz blanchieren, herausnehmen, kalt abschrecken und abtropfen lassen.

ROSENKOHL-KAROTTEN-GEMÜSE

500 g Rosenkohl
2 Bund Karotten mit Grün
40 g gebräunte Butter
1 Prise Zucker
Salz
20 g Butter
schwarzer Pfeffer
1 Prise Muskat

ROSENKOHL-KAROTTEN-GEMÜSE

Rosenkohl und Karotten putzen, schälen und die Karotten klein würfeln. Getrennt voneinander jeweils kurz in wenig kochendes Wasser geben. Herausnehmen, kalt abschrecken und abtropfen lassen.

Kurz vor dem Servieren die gebräunte Butter erhitzen und die Karottenwürfel mit Zucker und Salz darin glasieren. Den Rosenkohl in der heißen Butter anschwitzen und mit Salz, Pfeffer und Muskat würzen.

HAGEBUTTENMARK

1 kg Hagebutten
2 l Wasser
600 g Zucker
Saft von 2 Zitronen
1 Zimtstange
5 Nelken

HAGEBUTTENMARK

Die geputzten Hagebutten halbieren, mit Weißwein bedecken, den Zucker zugeben und über Nacht stehen lassen. Die Hagebutten in ca. 30 Minuten weich kochen.

Die Hagebutten vorsichtig pürieren, dabei aber die Kerne nicht zerdrücken. Dann durch ein feinmaschiges Sieb streichen.

Die Hagebuttenmasse mit dem Zitronensaft, der Zimtstange und den Nelken vermischen und in ca. 10 Minuten dickflüssig einkochen lassen.

Für 4 Personen

ROSENKOHL-KARTOFFEL-AUFLAUF

- 130 g Butter
- ca. 2 EL Semmelbrösel
- 1 kg Kartoffeln
- 1 Prise Muskat
- 500 g Rosenkohl
- 50 g Speckwürfel
- 50 g Schalottenwürfel
- 350 g Sahne
- Salz, schwarzer Pfeffer
- 6 Eigelbe
- 6 Eiweiß

Außerdem:
12 Auflaufformen
à 150 ml Inhalt

Die Auflaufförmchen mit ca. 30 Gramm Butter ausstreichen und mit Semmelbröseln ausstreuen. Die Kartoffeln waschen, weich kochen, pellen und durch eine Kartoffelpresse drücken; mit Muskat und den restlichen 100 Gramm Butter glatt verrühren. Den Rosenkohl waschen, putzen und in ca. 5 mm dicke Scheiben schneiden.
Speck und Schalotten in 30 Gramm heißer Butter anschwitzen, den Rosenkohl zugeben, mit 200 Gramm Sahne ablöschen und diese vollständig einkochen lassen. Mit Salz, Pfeffer, Muskat würzen und kalt stellen.
Die restliche Sahne erwärmen. Die Eier trennen. Das Eiweiß mit 1 Prise Salz steif schlagen. Die Eigelbe mit einem Schneebesen glatt in die Sahne einrühren.
Die Ei-Sahne-Mischung in den Kartoffelbrei einrühren, dann den Eischnee unterziehen.
Die Förmchen mit der Rosenkohlmasse 5 mm dick ausstreichen. Die Kartoffelmasse einfüllen, die Förmchen in kochendes Wasserbad stellen und im vorgeheizten Backofen bei 160 °C ca. 30 Minuten garen.

SALZTEIG

- 500 g Salz
- 500 g Mehl
- 2 Eier
- 250 ml Wasser
- 100 ml Milch
- 2 Eigelbe
- Mehl zum Ausrollen
- Öl für das Blech

Salz, Mehl, Eier und das Wasser zu einem glatten Teig verrühren und verkneten. Milch und 2 Eigelbe miteinander verquirlen, um den Teig anschließend damit zu bestreichen.
Den Salzteig durchkneten und auf einer bemehlten Arbeitsfläche zu einer ca. 1,5 cm dicken Platte ausrollen. Diese auf ein geöltes, mit wenig Mehl bestäubtes Blech geben.
Die Hälfte des in dünne Scheiben geschnittenen grünen Specks oval auflegen. Darauf ein Bett von Gemüsestreifen und den Gewürzen geben. Die Fleischstücke darauf legen und mit dem restlichen Speck bedecken. Den Rand der Teigplatte mit dem verquirlten Eigelb bestreichen. Eine 2. Teigplatte mit der gleichen Stärke 1,5 cm ausrollen, vorsichtig über das Fleisch legen und ringsum fest andrücken. Mit dem Teigrädchen oval ausschneiden, dabei einen 4 cm breiten Rand stehen lassen. Den Salzteig mit der Ei-Milch-Mischung bestreichen und mit dem restlichen Teig ausgarnieren (z. B. kleine Rosen, Blätter oder Ähnliches).
Die Garnituren ebenfalls bestreichen und das Reh in der Salzkruste im vorgeheizten Backofen bei 200 bis 220 °C ca. 18 bis 20 Minuten ausbacken. Danach einige Minuten ruhen lassen. Mit Butter bepinseln und servieren.

ANRICHTEN

Den Salzmantelteig wie einen Deckel aufschneiden, die Rehkeule in feine Scheiben aufschneiden, mit Salz, Pfeffer würzen und mit Bratensaft umgießen. Rosenkohl, Karotten, Kartoffelsoufflé und Hagebuttenmark schön platzieren. Wer möchte, kann das Reh im Salzmantelteig servieren.

Für 4 Personen

STUBENKÜKEN

4 Stubenküken à 200 g
Salz, schwarzer Pfeffer
150 g weißer Spargel
150 g grüner Spargel
50 g Butter und
Butter zum Einfetten
2 Prisen Zucker
75 g Sahne und
20 g geschlagene Sahne
1 Prise Koriander
200 g Kartoffeln
2 Eigelbe
1 Prise Muskat
1 rohe Kartoffel

Außerdem:
4 Metallringe
(8,5 cm Ø, 4 cm Höhe)

STUBENKÜKEN

Die Stubenküken auslösen und enthäuten (den Metzger oder Geflügelhändler darum bitten). Die ausgelösten Keulen zwischen Klarsichtfolie zu einem Kreis flach drücken, leicht mit Salz und Pfeffer würzen. Die Brüstchen ebenfalls zwischen Folie flach drücken und würzen.
Den weißen Spargel schälen, vom grünen Spargel nur das untere Drittel schälen. Sämtliche Spargelstangen in ca. 0,5 cm feine Scheibchen schneiden.
20 Gramm Butter erhitzen, die Spargelscheibchen darin kurz andünsten, mit etwas Salz und Zucker würzen und mit 1 bis 2 Esslöffel Wasser ca. 2 Minuten kochen. Dann 50 Gramm Sahne zugießen, mit Salz, Zucker und Koriander abschmecken und die geschlagene Sahne unterziehen. Kalt stellen.
Die Kartoffeln waschen, kochen, pellen und durch die Kartoffelpresse drücken. Die Eigelbe und die restliche Sahne glatt einrühren und mit Salz und Muskat würzen. Den Kartoffelbrei auskühlen lassen.
Die Metallringe einfetten und auf ein ebenfalls eingefettetes Blech geben. Die rund geformten Keulen in die Ringe einlegen, das ausgekühlte Spargelragout in der Mitte darauf setzen und mit den Brüstchen abdecken. Das Fleisch leicht in den Ring hineindrücken.
Die Kartoffelmasse in einen Dressierbeutel füllen (Lochtülle 8 mm) und in den Ring hineinspritzen, dabei die Masse an den Wänden hoch ziehen.
Die rohe Kartoffel schälen, in 4 runde Scheiben schneiden und obenauf legen (sie dient als Hitzeschutz). Mit der restlichen Butter bestreichen.
Den Stubenküken-Kuchen in den Backofen geben und bei 180 °C ca. 4 bis 5 Minuten garen. Vor dem Servieren für ca. 1 Minute unter den Grill stellen.

KUCHEN VOM STUBENKÜKEN MIT WALDPILZ-GREMOLATA, GEBRATENEN SPARGELSPITZEN UND GEFÜLLTEN KARTOFFELPLÄTZCHEN

Für 4 Personen

SPARGELCREME

Den Spargel schälen, klein schneiden und in 40 Gramm heißer Butter in 2 Minuten farblos weich dünsten. Mit dem Estragonessig ablöschen und mit Salz und Zucker würzen.
Die Flüssigkeit vollständig einkochen, dann den Weißwein zugießen und auf die Hälfte einkochen. Spargelfond, Sahne, Nelken und Piment zugeben und bei geringer Hitze 10 Minuten ziehen lassen.
Den Spargel mit einem Stabmixer pürieren, die restliche Butter einrühren und die Masse durch ein feinmaschiges Sieb streichen. Mit Salz und Pfeffer würzen. Die Sauce kurz vor dem Anrichten mit einem Stabmixer aufschäumen.

200 g weißer Spargel
70 g Butter
20 ml Estragonessig
Salz
1 Prise Zucker
100 ml Weißwein
500 ml Spargelfond
200 g Sahne
2 Nelken
2 Pimentkörner
weißer Pfeffer

GEFÜLLTE KARTOFFELPLÄTZCHEN

Die Kartoffeln waschen, weich kochen, pellen und durch die Kartoffelpresse drücken. Das Eigelb einrühren, den Grieß und das Mehl zugeben, mit Salz und Muskat würzen und zu einem glatten Teig verarbeiten.
Die Lauchwürfel in 10 Gramm heißer Butter anschwitzen und die restlichen 50 Gramm Kartoffelbrei zugeben. Sahne, Meerrettich, Spinat und die Gewürze untermischen.
Die Gelatine in wenig kaltem Wasser einweichen, ausdrücken und in der Masse auflösen. Kalt stellen. Sobald die Masse ein wenig eingedickt ist, die geschlagene Sahne unterziehen.
Den Kartoffelteig auf einer bemehlten Fläche ca. 3 mm dick ausrollen und mit einem runden Ausstecher von 4 cm Ø 4 Kreise pro Person ausstechen. Auf die Hälfte der Kreise ca. 1 Teelöffel Lauchmasse geben und mit der anderen Hälfte bedecken. Die Platten aneinander drücken und nochmals mit dem Ausstecher in Form bringen.
Die Kartoffelplätzchen in reichlich kochendem Salzwasser ca. 3 Minuten garen, herausnehmen und in den restlichen 40 Gramm Butter und 4 Esslöffel Kochwasser schwenken.

Teig:
250 g Kartoffeln und
50 g Kartoffeln
für die Füllung
1 Eigelb
1 TL Grieß
150 g Mehl und
Mehl für die Arbeitsfläche
Salz
1 Prise Muskat

Füllung:
50 g Lauchwürfel
50 g Butter
120 g Sahne
1 Msp. Meerrettich
10 g Spinatpüree
Salz, weißer Pfeffer
1 Prise Muskat
Cayennepfeffer
1 Blatt Gelatine
50 g geschlagene Sahne

GEBRATENER SPARGEL

Die Spargelspitzen der Länge nach halbieren. In 30 Gramm heißer Butter goldbraun braten, dann Zucker, Salz, Öl und Essig zugeben und in ca. 1 Minute gar ziehen lassen. Anschließend die restliche Butter einrühren.

10 weiße Spargelspitzen
10 grüne Spargelspitzen
40 g Butter
1 Prise Zucker
Salz
1 TL Walnussöl
30 ml weißer Balsamico-Essig

PILZ-GREMOLATA

Schalotten und Knoblauchzehe abziehen; die Schalotten fein würfeln, die Knoblauchzehe zerdrücken. Die Pilze putzen und ebenfalls würfeln.
Die Butter erhitzen und Schalotten und Pilze darin anschwitzen. Knoblauch und Orangenschale dazugeben, mit dem Estragonessig ablöschen und alles würzen.
Die Flüssigkeit vollständig einkochen lassen. Dann den Senf und Jus zugeben, aufkochen lassen und nochmals abschmecken. Zum Schluss die Kräuter einrühren.

100 g Schalotten
1 Knoblauchzehe
100 g Champignons
100 g Shiitake-Pilze
50 g Butter
1 Msp. geriebene Orangenschale
20 ml Estragonessig
Salz, schwarzer Pfeffer
1 Prise Zucker
2 TL Moutarde-de-Meaux-Senf
200 ml kräftige Geflügeljus
1 EL fein gehackte Blattpetersilie
1 EL fein gehackter Kerbel

ANRICHTEN

Die Stubenküken auf der Mitte des Tellers platzieren – den Ring und die Kartoffelscheibe entfernen. Mit der Pilz-Gremolata übergießen. Den Spargel und die Kartoffelplätzchen um das Stubenküken anrichten und mit der aufgeschäumten Spargelsauce umgießen.

„Er war ein sehr begabter und genauer Mitarbeiter, der durch seine fröhliche Art die Leute mitreißen konnte. Er hat die Gabe, sehr schnell zu begreifen, worum es geht. Ein Talent fürs Kochen zu haben heißt, das zu verstehen, was man aus Kochbüchern nicht lernen kann. Jörg Sackmann ist einer, der dieses gewisse Etwas hat."

Henri Lévy

Für 4 Personen

HIRSCHRÜCKEN

500 g Hirschkalbsrücken-Filet
Salz, schwarzer Pfeffer

HIRSCHRÜCKEN

Den Hirschrücken auslösen und parieren (den Metzger oder Wildhändler darum bitten). Das Fleisch mit Salz und Pfeffer würzen.

PILZFARCE

500 g Steinpilze
20 ml Olivenöl
200 g Kalbfleisch (ohne Fett und Sehnen)
1 Prise Muskat
150 g Sahne
20 ml Cognac
40 ml Portwein
20 g Butter
1 Msp. Wacholderbeeren-Pulver
abgeriebene Schale von 1 Limette

PILZFARCE

Die Steinpilze putzen und nur bei Bedarf waschen. 400 Gramm der Pilze in ca. 1,5 cm große Würfel, die restlichen 100 Gramm in 0,5 cm kleine Würfelchen schneiden.
Das Olivenöl erhitzen und die Pilze darin getrennt voneinander kurz von allen Seiten anbraten. Mit Salz und Pfeffer würzen, auf Teller geben und kalt stellen.
Das Kalbfleisch mit Salz, Pfeffer und Muskat würzen. Die Sahne zugeben und auf Eis kalt stellen. Dann in einer Küchenmaschine pürieren und durch ein Sieb streichen.
$^3/_4$ der Farce mit den großen, $^1/_4$ der Farce mit den kleinen Pilzwürfeln vermengen. Mit etwas Cognac, Portwein, Wacholderpulver und geriebenen Limettenschalen abschmecken.

REISCRÊPE

50 g Mehl
50 g Reismehl
180 ml Milch
70 ml Wasser
1 Prise Salz
3 Eier
1 Eigelb
25 g braune Butter
1 Msp. Nelkenpfeffer
1 Msp. Zitronenschale
$^1/_4$ TL Wacholderbeeren-Pulver
schwarzer Pfeffer
30 g Butter zum Ausbacken und Butter für die Folie

REISCRÊPE

Die Crêpezutaten miteinander vermischen, zu einem glatten Teig verrühren und zugedeckt mindestens 1 Stunde ruhen lassen.
Die Butter in einer Pfanne erhitzen, den Crêpeteig dünn einfließen lassen und darin ausbacken. Herausnehmen und Rechtecke von 20 x 25 cm herausschneiden.
$^2/_3$ der Crêpefläche mit der gröberen Farce ca. 1 cm dick bestreichen. Das gewürzte Hirschrückenfilet darauf legen und zu einer Roulade einrollen.
Eine ausreichend große Alufolie einbuttern und den Crêpe darin einrollen. Die Enden fest einschlagen. In ein ca. 75 °C heißes Wasserbad legen und ca. 18 bis 20 Minuten pochieren.

HIRSCHRÜCKEN IM REISCRÊPE MIT SAUERKIRSCHJUS, GEBACKENEN SCHALOTTEN UND BREZELGALETTE

Für 4 Personen

WILDJUS – SAUCE POIVRADE

Die Knochen klein hacken. Das Öl in einem Bräter erhitzen, die Knochen darin kurz anbraten und dann im vorgeheizten Backofen bei 220 °C ca. 20 Minuten bräunen, dabei öfter umrühren. Lauch, Karotten und Schalotten küchenfertig vorbereiten und grob würfeln. Zu den Knochen geben und 5 Minuten mit anrösten. Dann das Tomatenmark zufügen, ebenfalls kurz anrösten und dann mit Rotwein, Grapefruit- und Kirschsaft ablöschen.
Sämtliche Gewürze und die in der Schale zerdrückte Knoblauchzehe zugeben; auf die Hälfte der Flüssigkeitsmenge einkochen lassen.
Den Bräterinhalt in einen Topf umfüllen, das Wasser zugießen, leicht salzen, aufkochen lassen und den dabei entstandenen Schaum abschöpfen. Den Fond 1 Stunde bei geringer Hitze köcheln lassen, dabei öfter abschäumen. Dann den Fond durch ein Sieb abgießen und mit Salz und Pfeffer pikant abschmecken.

WILDJUS – SAUCE POIVRADE

1 kg Wildknochen
50 ml Olivenöl
100 g Karotten
100 g Lauch
200 g Schalotten
1 EL Tomatenmark
700 ml kräftiger Rotwein
100 ml Sauerkirschsaft
150 ml frisch gepresster Grapefruitsaft
3 Nelken
8 Wacholderbeeren
3 Pimentkörner
10 Pfefferkörner
3 Lorbeerblätter
1 Thymianzweig
1 Knoblauchzehe
1 l Wasser
Salz, schwarzer Pfeffer

BREZELGALETTE

Die Steinpilze putzen und in ca. 1 cm große Würfel schneiden. Die Zwiebeln abziehen und würfeln. Speck und Laugenbrötchen ebenfalls klein würfeln.
30 Gramm Butter in einer nicht zu großen Pfanne erhitzen, die Zwiebeln darin glasig dünsten, Speck und Pilze zugeben und mitbraten. Dann die Brötchenwürfel zugeben und mit Milch und Sahne auffüllen.
Die Eier aufschlagen und mit Majoran, Salz, Pfeffer und Muskat würzen. Die Eimasse über den Pfanneninhalt gießen, mit Alufolie abdecken und bei geringster Hitze ca. 1 Stunde ziehen lassen.
Den festen Brötchen-Eier-Kuchen zu einer Rolle mit ca. 6 cm Ø formen, in eine Alufolie fest einschlagen und für 4 Minuten in kochendes Wasser legen. Dann die Hitze reduzieren und weitere 30 Minuten bei geringster Hitze ziehen lassen.
Die Rolle kalt werden lassen und in 20 ca. 2 mm dicke Scheiben aufschneiden. Diese in ca. 20 Gramm Butter kurz von beiden Seiten anbraten und auskühlen lassen.
Inzwischen den Sellerie und Apfel küchenfertig vorbereiten und in 2 mm dicke Scheiben schneiden. Aus dem Sellerie 4, aus dem Apfel 8 Kreise von 5 cm Ø ausstechen.
Die Selleriescheiben kurz in Salzwasser blanchieren, herausnehmen und kalt abschrecken.
Die Apfelscheiben in 20 Gramm heißer Butter andünsten, den Weißwein zugießen und vollständig einkochen lassen. Beides würzen und auskühlen lassen.
12 der Laugenscheiben, die Sellerie- und Apfelscheiben mit der Pilzfarce bestreichen.
Mit einer unbestrichenen Laugenscheibe beginnen und auf ihr im Wechsel die verschiedenen Scheiben schichtweise zu 4 Törtchen aufbauen; mit einem unbestrichenen Laugendeckel abschließen.
Die Türmchen fest in das Schweinenetz einpacken, von beiden Seiten in der restlichen heißen Butter anbraten und bei 180 °C ca. 4 Minuten im vorgeheizten Backofen fertig garen.

BREZELGALETTE

50 g Steinpilze
100 g Zwiebeln
50 g Speck
400 g altbackene Laugenbrötchen
90 g Butter
200 ml Milch
100 g Sahne
2 Eier
20 g gehackte Majoranblättchen
Salz, schwarzer Pfeffer
1 Prise Muskat
1 junger Knollensellerie
1 Granny-Smith-Apfel
20 ml Weißwein
fertige feine Pilzfarce (siehe oben)
200 g Schweinenetz

SELLERIEPÜREE

Die Selleriesorten küchenfertig vorbereiten und würfeln. Beides in der heißen Butter farblos anschwitzen, mit Weißwein ablöschen, die Sahne dazugießen und würzen. Die Masse cremig einkochen lassen, mit einem Pürierstab mixen und durch ein Sieb streichen. Zum Anrichten in einen Dressierbeutel mit Lochtülle geben.

SELLERIEPÜREE

250 g Knollensellerie
80 g Staudensellerie
25 g Butter
50 ml Weißwein
200 g Sahne
Salz
Cayennepfeffer
1 Prise Muskat

Für 4 Personen

SELLERIEGEMÜSE

100 g Staudensellerie
50 g junger Knollensellerie
50 g Kartoffeln
120 g Sahne
Salz, schwarzer Pfeffer
Cayennepfeffer
1 Prise Muskat

SELLERIEGEMÜSE

Das Gemüse küchenfertig vorbereiten und jeweils in ca. 0,5 cm große Würfelchen schneiden. Einzeln in wenig kochendem Salzwasser blanchieren, herausnehmen und eiskalt abschrecken. 50 ml des Blanchierwassers mit der Sahne und den Gewürzen sirupartig reduzieren, das Gemüse dazugeben und darin erwärmen.

GEBACKENE SCHALOTTEN

150 g Schalotten und
5 Schalotten
30 g Olivenöl
1 Knoblauchzehe
2 Thymianzweige
10 ml Estragonessig
60 ml Portwein
20 ml Madeira
200 ml Wildjus
Salz, schwarzer Pfeffer
1 Prise Koriander
1 Strudelblatt (Fertigprodukt)
1 Eigelb

GEBACKENE SCHALOTTEM

Die Schalotten abziehen, klein würfeln und blanchieren. 20 ml Öl erhitzen, die Schalotten darin glasig anschwitzen, 1 Thymianzweig und die in der Schale zerdrückte Knoblauchzehe dazugeben und mit dem Essig ablöschen; kurz aufkochen lassen.
Dann 50 ml Portwein, Madeira und Wildjus dazugießen, mit Salz, Pfeffer und Koriander würzen und die Flüssigkeit vollständig einkochen lassen. Thymian und Knoblauch herausnehmen.
Die 5 Schalotten abziehen, quer halbieren und in 10 ml heißem Öl zusammen mit dem Thymianzweig anschwitzen. Mit 10 ml Portwein begießen und im Backofen bei 180 °C in ca. 10 Minuten weich werden lassen.
Das Strudelblatt in 12 cm große Quadrate schneiden und diese in Dreiecke halbieren. Die Dreiecke zu Hütchen formen, dabei die Ränder mit Eigelb verkleben. Die Öffnungen gerade schneiden.
Das Zwiebelmus in die Hütchen füllen und mit jeweils 1 Schalottenhälfte verschließen. Die Hütchen in eine Pfanne setzen und bei 180 °C im Backofen goldbraun backen.

SAUERKIRSCHEN FÜR 1 EINMACHGLAS

150 g getrocknete Sauerkirschen
½ Zimtstange
20 ml Läuterzucker
80 ml Kirschwasser

SAUERKIRSCHEN FÜR 1 EINMACHGLAS

Die Kirschen mit der Zimtstange, Läuterzucker und Kirschwasser in einem Topf kurz erwärmen – auf keinen Fall kochen! In ein Einmachglas füllen und verschlossen 3 Tage ziehen lassen.

ANRICHTEN

Die Crêperoulade in 3 cm dicke Scheiben aufschneiden und auf das Selleriegemüse legen. Die Brezelgalette halbieren, mit den eingelegten Kirschen, dem Strudelhütchen und der Sauce anrichten.

Für 4 Personen

TAUBENBRUST

- 4 Tauben
- 150 g Kalbsbries
- Salz, schwarzer Pfeffer
- Butter für die Folie
- 100 g Pilzfarce (siehe Seite 155, aber ohne Wacholder-Pulver)
- 8 Egerlingköpfe, angebraten
- 250 g Schweinenetz
- 2 EL Olivenöl
- 500 g Hirschkalbsrücken-Filet
- Salz, schwarzer Pfeffer
- 500 g Steinpilze
- 20 ml Olivenöl
- 200 g Kalbfleisch (ohne Fett und Sehnen)
- 1 Prise Muskat
- 150 g Sahne
- 20 ml Cognac
- 40 ml Portwein
- 20 g Butter
- 1 Msp. Wacholderbeeren-Pulver
- abgeriebene Schale von 1 Limette

SCHOKOLADENJUS

- 3 EL Olivenöl
- Karkassen von 4 Tauben
- 50 g Schalottenwürfel
- 50 g Staudenselleriewürfel
- 40 g Karottenwürfel
- 2 gewürfelte Tomaten
- 2 zerdrückte Knoblauchzehen
- 10 Pfefferkörner
- 2 Thymianzweige
- 200 ml Madeira
- 500 ml kräftiger Geflügelfond
- Salz, schwarzer Pfeffer
- 30 g Butter
- 4 Msp. Valhrona-Schokoladenpulver (siehe Glossar)

TAUBENBRUST

Die Taubenbrüste und -oberschenkel auslösen und häuten (den Wildhändler darum bitten); die Unterkeulen frei putzen. Die Karkassen klein hacken. Die Bruststücke von der Innenseite längs aufschneiden. Das Oberschenkelfleisch flach drücken.

Das Bries putzen und mit Salz und Pfeffer würzen und in eine gebutterte Alufolie zu einer Rolle von 4 bis 5 cm Ø formen. Diese in kochendes Wasser einlegen, sofort die Hitze ausschalten und im Wasser zugedeckt auskühlen lassen.

Das ausgekühlte Bries herausnehmen, auspacken und in 8 dreieckige Balken von ca. 6 cm Seitenlänge schneiden. Jeweils 2 Briesdreiecke in die Brüste einlegen und nochmals würzen. Die plattierten Keulchen würzen, mit der Pilzfarce bestreichen und die Egerlingköpfe darauf setzen. Brüste und Keulen fest in das Schweinenetz einpacken, von beiden Seiten im heißen Öl anbraten und 6 Minuten bei 180 °C im Backofen goldbraun braten.

SCHOKOLADENJUS

Das Olivenöl in einem Bräter erhitzen, die Taubenkarkassen zugeben und goldbraun darin anbraten.

Schalotten, Staudensellerie, Karotten, Tomaten, Knoblauch und sämtliche Gewürze zugeben. Ca. 20 Minuten mitrösten und dann im Backofen bei 180 °C weiterrösten lassen, dabei immer wieder mit dem Madeira übergießen und diesen einkochen lassen. Das dauert insgesamt weitere 30 Minuten.

Den Geflügelfond dazugießen und bei schwacher Hitze ca. 2 Stunden langsam köcheln lassen. Den Jus durch ein feinmaschiges Sieb abgießen, mit Salz und Pfeffer würzen und die kalte Butter unterrühren.

TAUBENBRUST MIT KALBSBRIES IN THYMIAN-SCHOKOLADEN-JUS MIT KARAMELLISIERTEN ÄPFELN, KOHLRABI UND WALNUSSRISOTTO

Für 4 Personen

WALNUSS-RISOTTO

- 25 g Schalottenwürfel
- 15 g Butter
- 1 Thymianzweig
- 1 Lorbeerblatt
- 100 g italienischer Risottoreis
- 100 ml trockener Riesling
- 250 ml heller kräftiger Geflügelfond
- 20 ml Walnussöl
- 40 g geschälte Walnüsse
- 20 g geriebener Parmesan
- 30 g geschlagene Sahne
- 25 g trockener Sekt

Die Schalotten in der heißen Butter farblos anschwitzen, Thymian und Lorbeer zugeben. Den Reis einrühren, kurz anrösten, mit Weißwein ablöschen, aufkochen und nach und nach den Geflügelfond zugießen.

Kochen lassen, bis der Reis „al dente" ist. Den Topf von der Herdplatte ziehen, das Walnussöl und die Walnüsse zugeben, Parmesan und Sahne unterziehen und mit dem Sekt abrunden.

KARAMELLISIERTE ÄPFEL UND KOHLRABI

- 500 g Kohlrabi
- 500 g Granny-Smith-Äpfel
- 200 g Zucker
- 75 ml Estragonessig
- 150 g Apfelsaft
- 100 ml Weißwein
- 25 ml Walnussöl
- 1 Thymianzweig
- Salz, schwarzer Pfeffer
- 100 g Butter

Kohlrabi und Äpfel küchenfertig vorbereiten und aus dem Fruchtfleisch Kugeln und Halbmonde ausstechen. Den Kohlrabi in wenig kochendem Wasser blanchieren.

Den Zucker in einem Topf karamellisieren, mit dem Essig ablöschen und vollständig einkochen lassen. Dann den Apfelsaft, Weißwein, Walnussöl und Thymian zugeben, würzen und sirupartig einkochen lassen. Die kalte Butter in den heißen Fond einrühren und die Apfel- und Kohlrabistückchen darin erwärmen.

ANRICHTEN

Den Risotto auf Tellern anrichten. Die Taubenbrüste aufschneiden und mit der Keule auf den Risotto setzen. Mit den Apfel- und Kohlrabistückchen garnieren. Die Valhrona-Schokolade außen herum verteilen und den heißen Jus direkt darüber gießen. Ich dekoriere noch mit getrockneten Thymianzweigen.

TIPP

Aus früheren Rezepten ist bekannt, dass Schokolade als Bindemittel eingesetzt wurde. Mir ist dieser Geschmack zu bitter; daher lasse ich sie erst auf dem Teller schmelzen, indem ich den heißen Jus darüber gieße – so entfaltet die Schokolade ihr außergewöhnliches Aroma, das perfekt mit den anderen Zutaten harmoniert.

„Jörg Sackmann nimmt unter den besten deutschen Köchen einen Spitzenplatz ein. Sein Können erweist sich als Kunst. Seine mühelos beherrschte Handwerklichkeit paart sich mit einer unerschöpflichen Kreativität und Fantasie, die man auf keiner Kochschule lernen kann. Ihm steht sie in einer Weise zu Gebote, die dem Gast in seinem Restaurant – um mit Wagners Isolde zu singen – 'höchste Lust' bereitet. Bei allem Erfolg ist er ein ungemein bescheidener und sympathischer Mensch und Freund geblieben."

Hermann Bareiss

SOUFFLIERTER OCHSENSCHWANZ MIT WALDPILZEN AUF ESSIGGEMÜSE UND CHAMPIGNONKARTOFFELN

Für 4 Personen

OCHSENSCHWANZ

Sämtliches Gemüse küchenfertig vorbereiten und grob zerkleinern.
Den Ochsenschwanz in Stücke schneiden, mit Salz und Pfeffer würzen und in heißem Öl goldbraun anbraten. Das Gemüse zugeben und unter Rühren weiterrösten, bis alles eine schöne Farbe hat.
Etwas Fett abgießen. Tomatenmark und Würfelzucker zugeben und kurz anrösten. Dann mit wenig Portwein, Madeira und Rotwein ablöschen und für 20 Minuten in den vorgeheizten Backofen bei 180 °C geben – dabei immer wieder etwas Portwein, Madeira und Rotwein dazugießen, bis dieser aufgebraucht und fast ganz einkocht ist.
Den Kalbsfond dazugießen und den Ochsenschwanz in ca. 2 Stunden zugedeckt weich kochen. In den letzten 40 Minuten sämtliche Gewürze und Kräuter zugeben. Das Fleisch muss weich sein, so dass es sich leicht vom Knochen lösen lässt.
Die Fleischstücke herausnehmen, abtropfen lassen und das Fleisch von den Knochen ablösen. Fettstücke entfernen und das Fleisch auskühlen lassen.
Die Steinpilzwürfel kurz in 1 Esslöffel heißer Butter anbraten, salzen und pfeffern und kalt stellen.
Die Ringe ausbuttern und auf ein Blech stellen. Den Ochsenschwanz in flache Stücke schneiden und die Ringe damit bis zum Rand auslegen. Die angebratenen Pilzwürfel obenauf setzen.

OCHSENSCHWANZ

150 g Schalotten
100 g Karotten
50 g Staudensellerie
100 g Lauch
2 Tomaten
1,1 kg vollfleischiger Ochsenschwanz
Salz, schwarzer Pfeffer
100 ml Öl
1 EL Tomatenmark
2 Würfelzucker
100 ml Portwein
100 ml Madeira
500 ml kräftiger Rotwein
2,5 l Kalbsfond
1 Lorbeerblatt
5 Pfefferkörner
5 Korianderkörner
3 Pimentkörner
3 Nelken
1 Thymianzweig
100 g Steinpilze, in 1 cm große Würfel geschnitten
2 EL Butter

Außerdem:
4 Ringe von 8 cm Ø und 3 cm Höhe

SOUFFLÉ-MASSE

Die Schalotten in der heißen Butter glasig andünsten, die Kartoffeln zugeben, kurz anbraten und den Geflügelfond aufgießen. Die Kartoffeln in knapp 10 Minuten weich kochen. Dann die Sahne zugießen.
Die Waldpilze im heißen Olivenöl scharf anbraten und zu der Kartoffelmasse geben. Nochmals aufkochen und dann den Portwein zugießen. Den Topf vom Herd nehmen und die Masse mit einem Stabmixer glatt pürieren.
In den warmen Brei das Ei, Eigelb und die Gewürze einrühren und auskühlen lassen.
Das Eiweiß steif schlagen und unterziehen. Die Masse in die Ochsenschwanzringe füllen und im vorgeheizten Backofen bei 180 °C ca. 15 Minuten backen lassen.

SOUFFLÉ-MASSE

20 g Schalottenwürfel
40 g Kartoffelwürfel
10 g Butter
100 ml Geflügelfond
30 g Sahne
120 g Waldpilzwürfel
30 ml Olivenöl
20 ml Portwein
1 Ei
1 Eigelb
Salz, schwarzer Pfeffer
1 Prise Muskat
1 Eiweiß

Für 4 Personen

ESSIGGEMÜSE

50 g Brokkoliwürfel
50 g Blumenkohlwürfel
50 g Karottenwürfel
50 g Frühlingslauchwürfel
50 g Kohlrabiwürfel
50 g Zucchiniwürfel
Salz, schwarzer Pfeffer
15 ml Estragonessig
5 Korianderkörner
3 Thymianzweige
1 Knoblauchzehe
100 ml Geflügelbrühe
1 EL Olivenöl
1 EL Walnussöl
60 g Butter

ESSIGGEMÜSE

Die in Form geschnittenen Gemüse einzeln blanchieren und auf Küchenkrepp abtrocknen lassen, dann mit Salz und Pfeffer würzen.
Den Essig mit dem Koriander, Thymian und der ganzen, in der Schale zerdrückten Knoblauchzehe einkochen, die Geflügelbrühe dazugießen und auf die Hälfte einkochen.
Den Topf von der Herdplatte nehmen und zugedeckt ca. 30 Minuten ziehen lassen. Die Flüssigkeit durch ein Sieb abgießen, erwärmen, die Öle und die Butter einrühren und das Gemüse darin erwärmen. Mit Salz und Pfeffer abschmecken.

CHAMPIGNONKARTOFFELN

250 g Kartoffeln
75 ml Milch
20 g Butter
40 g Mehl
2 Eigelbe
Salz
1 Prise Muskat
1 Prise Steinpilzpulver
Öl für das Backpapier
200 ml Frittieröl

CHAMPIGNONKARTOFFELN

Die Kartoffeln waschen, weich kochen, pellen und durch die Kartoffelpresse drücken.
Die Milch mit der Butter aufkochen und das Mehl mit einem Kochlöffel einrühren. Die Masse bei geringer Hitze unter Rühren ausdampfen lassen, bis sie sich vom Topfboden löst. Erst die Eigelbe und dann den heißen Kartoffelbrei glatt einrühren. Mit Salz, Muskat und Steinpilzpulver abschmecken.
Die Masse in einen Dressierbeutel mit einer 4 mm Lochtülle füllen. Auf ein leicht geöltes Backpapier kleine Pilze aufspritzen, im heißen Frittierfett bei 175 °C ausbacken und auf Küchenkrepp abtropfen lassen. Nochmals würzen und sofort anrichten.

ANRICHTEN

Den Ochsenschwanz ohne Ring auf Tellern platzieren, mit den Champignonkartoffeln außen herum dekorieren, das Gemüse dazugeben und mit Sauce umgießen. Im Restaurant garnieren wir, so wir sie bekommen, noch mit gebratenen Semmelstoppelpilz-Scheiben.

WACHTEL IM KAROTTENMANTEL MIT GÄNSELEBER, DATTEL-LIMONEN-CONFIT UND MAISPOLENTA

Für 4 Personen

DATTEL-LIMETTEN-CONFIT

Die Datteln schälen, entkernen und in ca. 0,5 cm kleine Würfel schneiden.
Geflügelfond und Limettensaft sirupartig einkochen. Datteln und Limettenfilets einlegen und mit Limettenschalen, Chilisauce, Salz und Cayennepfeffer würzen.

DATTEL-LIMETTEN-CONFIT

100 g frische Datteln
100 ml Geflügelfond
Saft von 1/2 Limette
Filets von 1 Limette
abgeriebene Schale von 1 Limette
10 g süße Chili-Chicken-Sauce (aus dem Asia-Laden)
Salz
Cayennepfeffer

TEMPURATEIG

Alle Zutaten zu einem glatten Teig miteinander vermengen und würzen. Den Teig kalt stellen.

TEMPURATEIG

40 g Mehl
25 g Speisestärke
60 ml Sake
1/2 TL Öl
40 ml Eiswasser
Salz, schwarzer Pfeffer
Cayennepfeffer

WACHTEL

Die Wachteln auslösen und Haut entfernen (den Wildhändler darum bitten). In die Brüstchen eine Tasche einschneiden. Die Oberschenkelknochen der Keulen auslösen. Das Keulenfleisch leicht flach drücken und würzen.
Die Keulen jeweils mit 1 Teelöffel Dattelconfit füllen, verschließen und mit einer Alufolie wie zu einer Kirsche formen. Ca. 1 Minute in kochendem Wasser garen, den Topf beiseite stellen und die Keulen im Fond auskühlen lassen. Dann die Folie entfernen.
Die Gänseleber in 1,5 cm dicke ovale Scheiben portionieren, mit Salz, Pfeffer, Cognac, Portwein und Madeira marinieren.
Äpfel, Karotten und Spinat küchenfertig vorbereiten. Die Äpfel in ca. 1,5 mm dünne Scheiben, die Karotten in ca. 0,5 mm dünne Scheibchen schneiden und den Spinat kurz in kochendes Wasser geben, herausnehmen, kalt abschrecken und auf einem Küchentuch flach wie zu einer Matte auslegen.
Die Butter erhitzen und die Apfelscheiben darin von beiden Seiten kurz anschwitzen. Herausnehmen, auf Küchenkrepp legen und auskühlen lassen. Die Karotten ebenfalls kurz in kochendes Wasser geben, herausnehmen, kalt abschrecken und auf einem Tuch, leicht überlappend, auslegen.
Für die Füllung die leicht zusammengepressten Apfelscheiben und Gänseleberscheiben im Wechsel auf die Spinatmatte legen und darin einschlagen. Das Päckchen auf eine Brust legen und mit der 2. Brust abdecken. Dabei die Seitenlappen einschlagen, so dass die Gänseleber in den Wachtelbrüstchen verschlossen ist.
In die Karottenscheiben einrollen und mit dem Schweinenetz verschließen. Die Wachteln in einer Pfanne bei 200 °C ca. 7 bis 8 Minuten braten, kurz ruhen lassen und tranchieren.
Kurz vor dem Servieren die Keulchen durch den Tempurateig ziehen und im heißen Frittieröl in ca. 2 Minuten ausbacken. Herausnehmen und kurz abtropfen lassen.

WACHTEL

4 große Wachteln à ca. 150 – 200 g
Salz, schwarzer Pefffer
50 g Dattelconfit
120 g Gänseleber
1 Spritzer Cognac
2 cl Madeira
2 cl Portwein
Salz, schwarzer Pfeffer
2 Äpfel
2 Karotten
200 g Blattspinat
40 g Butter
150 – 200 g Schweinenetz
500 ml Frittieröl

Für 4 Personen

MAISPOLENTA

400 g frischer Mais
(ca. 3 Kolben)
20 g Butter
25 g Schalottenwürfel
10 g Maisgrieß
150 ml kräftiger Geflügelfond
20 g geriebener Parmesan
2 EL Sahne
100 ml trockener Sekt
Salz, schwarzer Pfeffer
1 Prise Zucker

MAISPOLENTA

Die Maiskörner mit einem scharfen Messer vom Kolben lösen.
Die Butter erhitzen un die Schalotten darin glasig anschwitzen. Dann den Grieß und die Maiskörner einrühren und mit dem Geflügelfond ablöschen. Ca. 5 Minuten garen, dann neben dem Herd ausquellen lassen.
Kurz vor dem Servieren Parmesan, Sahne und Sekt unterziehen und würzen.

GEFÜLLTES CHICORÉEBLATT

2–3 Chicorée
30 g Butter
1 Prise Zucker
Saft von 1/2 Zitrone
6 EL Wasser
Salz, schwarzer Pfeffer

Füllung:
100 g gekochte Kartoffeln
25 g Zucker
25 g Butter
100 g Schalottenringe
2 cl Portwein
60 ml Weißwein
25 g junger Lauch
Salz
Cayennepfeffer
1 Prise Muskat
50 g gebräunte Butter

GEFÜLLTES CHICORÉEBLATT

20 große Chicoréeblätter ablösen, waschen und auf einem Küchenhandtuch trocknen. Die gekochten Pellkartoffeln durch eine Kartoffelpresse drücken.
Die Butter erhitzen und die Chicoréeblätter darin mit 1 Prise Zucker anschwitzen, mit Zitronensaft ablöschen und etwas Wasser zugeben. Die Blätter weich garen und mit Salz und Pfeffer würzen. Der ausgetretene Chicoréesaft sollte vollständig eingekocht sein. Die Blätter auf einem Tuch trockenlegen.
Den Zucker karamellisieren lassen. Butter und Schalotten zugeben und kurz anschwitzen. Mit Portwein und Weißwein ablöschen. Die Flüssigkeit vollständig einkochen. Dann den Kartoffelbrei und jungen Lauch zugeben und würzen.
Die Masse in die über Kreuz gelegten Chicoréeblätter geben und zu kleinen Päckchen einschlagen. Kurz in der der heißen Nussbutter anbraten.

ANRICHTEN

Maispolenta und Dattel-Limetten-Confit auf dem Teller schön platzieren. Die Wachteln aufschneiden und samt der im Tempurateig ausgebackenen Keulchen mit dem Chicorée auf die Polenta setzen. Ich gebe noch etwas Bratensaft oder kräftigen Geflügeljus um die Polenta.

Für 4 Personen

GANS

3 1/2 kg Gans
(davon 0,8 kg ausgelöste
Keule und 0,8 kg Brust)

GÄNSEBRUST

300 g Zwiebelwürfel
100 g Staudenselleriewürfel
100 g Apfelwürfel
Schale von 1 Orange
500 ml Wasser
1 EL Tomatenmark
3 Würfelzucker
1 l Rotwein
2 l Geflügelfond
1 Zweig Beifuß
Salz, schwarzer Pfeffer
3 Nelken
4 Wacholderkörner

GÄNSEBRUST

Die Gänsebrust kurz in einem Bräter auf der Hautseite anbraten. Wenden, die Zwiebel-, Staudensellerie- und Apfelwürfel sowie Orangenschale zugeben und etwas Wasser angießen. Die Gänsebrust im geschlossenen Bräter im vorgeheizten Backofen bei 180 °C ca. 2 Stunden weich schmoren. Das Wasser nach und nach angießen. Die letzten 10 Minuten Garzeit den Deckel abnehmen und die Gänsebrust unter starker Oberhitze bräunen.
Herausnehmen und die Flüssigkeit vollständig einkochen. Das Fett mit einem Löffel abschöpfen und beiseite geben.
Das Tomatenmark zugeben, mit dem Gemüse anrösten und die Würfelzucker karamellisieren. Mit dem Rotwein ablöschen. Die knusprige Gänsebrust aus dem Bräter nehmen und warm stellen.
Die Sauce mit Geflügelfond auffüllen. Sämtliche Gewürze zugeben und die Sauce auf ca. 500 ml einkochen. Durch ein Sieb abgießen und kurz vor dem Anrichten mit den Honigfrüchten vermengen.

GÄNSEKEULE

Salz, schwarzer Pfeffer
1 Prise Muskat
60 g Weißbrot
80 g Lebkuchenbrot
20 g Butter
40 g Apfelwürfel
100 g getrocknete Pflaumenwürfel
100 g getrocknete Aprikosenwürfel
2 cl Zwetschgenwasser
100 g Geflügelfarce
40 g Crème fraîche
1 Zweig Beifuß
1 Ei
20 g Butter für die Folie

GÄNSEKEULE

Die Keulen zwischen Klarsichtfolie flach klopfen und mit Salz, Pfeffer und Muskat würzen. Weißbrot und Lebkuchenbrot in ca. 1 cm große Würfel schneiden.
Die Butter erhitzen und die beiden Brotsorten darin kurz anrösten. Herausnehmen, auf Küchenkrepp abtropfen und abkühlen lassen.
Brot, Früchte, Zwetschgenwasser, Geflügelfarce, Crème fraîche, Beifußblättchen und Ei miteinander vermischen und die Keulen damit bestreichen. Nochmals mit Salz und Pfeffer würzen. Die Keulen wie zu einer Roulade einrollen und in gebutterte Alufolie wickeln. Die beiden Rollen ca. 3 Stunden in Wasser kurz unterhalb des Siedepunktes ziehen lassen, bis sie schön weich sind. Herausnehmen, auskühlen lassen und die Folie entfernen. Das Kochwasser aufheben. Die Keulenrollen mit dem beiseite gestellten Gänseschmalz bestreichen und bei starker Oberhitze in ca. 3 bis 5 Minuten knusprig backen.

GÄNSE-ALLERLEI MIT HONIGFRÜCHTEN, ROTKOHL UND GEFÜLLTEN KRUSTELN

Für 4 Personen

GÄNSE-ALLERLEI

Herz und Magen im beiseite gestellten Keulen-Kochwasser in ca. 40 bis 60 Minuten weich kochen. Herausheben, abtropfen lassen und in 1 cm feine Blättchen schneiden.
20 Gramm Butter erhitzen und die klein geschnittene Leber darin kurz anbraten. Mit dem fein geschnittenen Gänseklein vermischen.
Weitere 20 Gramm Butter erhitzen und die Pfifferlinge darin anschwitzen.
Die Butter erhitzen und die Schalotten darin anschwitzen. Mit Weißwein, Noilly Prat, Portwein und Madeira ablöschen und die Flüssigkeit vollständig einkochen.
Die Kräuter zugeben, mit dem Fond auffüllen und die Flüssigkeit auf 100 ml einkochen. Dann 200 Gramm Sahne angießen und sämig einkochen.
Die Masse mit Salz, Pfeffer, Zucker und Zitronensaft würzen, die geschlagene Sahne unterheben und den Kerbel unterziehen. Das Gänseklein und die Pfifferlinge untermischen.

GÄNSE-ALLERLEI

130 g Gänseklein
(je 1 Leber, Herz und Magen)
65 g Butter
80 g Pfifferlinge
50 g Schalottenwürfel
150 ml Weißwein
100 ml Noilly Prat
4 cl Portwein
4 cl Madeira
1 TL Beifuß
2 Lorbeerblätter
1 Thymianzweig
1/2 Rosmarinzweig
250 ml Fond vom Gänseklein
200 g Sahne und
1 EL geschlagene Sahne
Salz, schwarzer Pfeffer
1 Spritzer Zitronensaft
1 Prise Zucker
1 EL gehackter Kerbel

HONIGFRÜCHTE

Die Nüsse fein hacken.
Armagnac, Portwein, Orangensaft, Orangenschale, Nelken, Piment und Zimt in einen Topf geben und auf die Hälfte der Flüssigkeitsmenge einkochen lassen.
Die Butter erhitzen, sämtliche Nüsse darin goldbraun anrösten und zusammen mit den Fruchtwürfeln in den Fond einlegen. Honig und Calvados einrühren und ca. 2 Stunden ziehen lassen.

HONIGFRÜCHTE

10 g Maccadamia-Nüsse
10 g Haselnüsse
10 g Pinienkerne
10 g Walnüsse
3 cl Armagnac
5 cl Portwein
Saft von 1 Orange
1 Msp. abgeriebene
Orangenschale
2 Nelken
2 Pimentkörner
1/2 Zimtstange
10 g Butter
25 g getrocknete
Aprikosenwürfel
25 g getrocknete
Pflaumenwürfel
25 g getrocknete
Rosinenwürfel
25 g getrocknete
Sauerkirschenwürfel
1 EL Honig
4 cl Calvados

Für 4 Personen

ROTKRAUT MIT SÜSSHOLZ

1 kg Rotkraut
200 ml Rotweinessig
5 Wacholderbeeren
10 Nelken
15 Koriander- und Pfefferkörner
2 Lorbeerblätter
50 g geröstetes Süßholz (siehe Glossar)
1 Zimtstange
50 g Gänseschmalz
1 l Rotwein
500 ml Apfelsaft
Salz, schwarzer Pfeffer
100 g Zucker
100 ml weißer Balsamico-Essig

FRÜCHTEBROT-RING

100 g getrocknete Aprikosen
100 g schwarze Nusswürfel
4 cl Portwein
4 cl Madeira
300 ml Milch
200 g Sahne
Salz, schwarzer Pfeffer
1 Prise Muskat
80 g Butter
5 altbackene Laugenbrötchen-Würfel
100 g rote Zwiebelwürfel
150 g Räucherspeckwürfel
100 g Maronen
2 Eier
2 Eigelbe

Außerdem:
Metallringe von 5,5 cm Ø

ROTKRAUT MIT SÜSSHOLZ

Das Rotkraut küchenfertig vorbereiten und in feine Streifchen schneiden.
Rotweinessig, Wacholder, Nelke, Koriander, Pfeffer, Lorbeer, Süßholz und Zimt in einen Topf geben und auf die Hälfte der Flüssigkeitsmenge einkochen. Den Gewürzsud ca. 30 Minuten zugedeckt ziehen lassen. Dann durch ein feinmaschiges Sieb abgießen.
Das Gänseschmalz erhitzen und die Rotkrautstreifen darin ca. 4 bis 5 Minuten andünsten. Mit Rotwein und Apfelsaft ablöschen. Mit Salz, Pfeffer und Zucker würzen und den Gewürzsud und Balsamico-Essig darüber gießen. Über Nacht ziehen lassen.
Das Kraut zugedeckt in ca. 40 Minuten (bei jungem Kraut; älteres benötigt ca. 1,5 Stunden) weich kochen, dabei die Flüssigkeit völlig einkochen lassen. Das fertige Kraut nachwürzen und anrichten.

FRÜCHTEBROT-RING

Aprikosen und Nüsse mit Portwein und Madeira übergießen und ca. 30 Minuten marinieren.
Milch und Sahne aufkochen und würzen.
Die Butter erhitzen und die Laugenbrötchen-Würfel darin goldbraun rösten. Zwiebeln, Speck und Maronen zugeben. Aprikosen und Nüsse untermischen und mit der heißen Milch-Sahne übergießen. Zugedeckt ca. 1 Stunde ziehen lassen.
Eier und Eigelbe in die Masse einarbeiten und den Teig zu ca. 5 cm großen Walzen formen.
Diese in Alufolie einschlagen, in kochendes Wasser geben, die Hitze reduzieren und zugedeckt ca. 1 Stunde darin ziehen lassen.
Herausnehmen, die Folie abziehen und die Walzen in ca. 3 bis 4 mm dünne Scheibchen aufschneiden.
Die Metallringe damit an den Wänden auskleiden und das Gänseklein und Rotkraut einfüllen.

ANRICHTEN

Die Gänsekeule in ca. 1 cm dicke, die Gänsebrust in ca. 0,5 cm dicke Scheiben aufschneiden und auf Tellern anrichten. Den gefüllten Früchtebrot-Ring daneben stellen und den Metallring abziehen. Ich garniere mit in Butter gebratener Kerbelwurzel und Kartoffelrösti. Außen herum etwas Gänsejus angießen und die Honigfrüchte dazulegen.

DESSERTS

Für 4 Personen

GIN-TONIC-GELEE

50 ml Weißwein
3 Wacholderbeeren
10 g Zucker
2 Blatt Gelatine
10 ml Gin
50 ml Tonic Water

GIN-TONIC-GELEE

Den Weißwein mit den zerdrückten Wacholderbeeren und dem Zucker aufkochen. Den Topf vom Herd nehmen und erkalten lassen.
Die Gelatine in wenig kaltem Wasser einweichen und ausdrücken. Zusammen mit dem Gin zum Weißwein geben, erwärmen und dabei darin vollständig auflösen, alles durch ein Sieb abgießen. Die Flüssigkeit kalt stellen und etwas gelieren lassen.
Das Tonic-Water zugeben und die Flüssigkeit in Dessertförmchen füllen. Sofort kalt stellen, damit die Perlung des Tonic Water erhalten bleibt.

LIMETTEN-SAFRAN-SORBET

5 unbehandelte Limetten
3 Nelken
2 Pimentkörner
2 Stangen Zitronengras
4 Safranfäden
80 g Zucker
1 Blatt Gelatine
300 ml Champagner
20 ml Wodka

LIMETTEN-SAFRAN-SORBET

Die Schale von 1 Limette abreiben; alle Früchte auspressen. Den Saft zusammen mit den Gewürzen, dem Limettenabrieb, dem in feine Ringe geschnittenen Zitronengras, dem Safran und dem Zucker 2-mal aufkochen, damit sich die Aromen besser entfalten können; etwas abkühlen lassen.
Die Gelatine in wenig kaltem Wasser einweichen und ausdrücken. Die noch warme Limettenflüssigkeit durch ein Sieb abgießen und die Gelatine darin auflösen. Abkühlen lassen, den Champagner einrühren und die Masse in der Eismaschine anfrieren lassen. Jetzt erst den Wodka zugeben und das Sorbet fertig gefrieren lassen.

MANGORAVIOLIS

1 reife Mango
200 ml Passionsfruchtsaft
20 g Puderzucker
10 ml Wodka
3 Blatt Gelatine
125 g Sahne
1 Eiweiß
25 g Zucker
etwas Läuterzucker
10 ml Grand Marnier

MANGORAVIOLIS

Die Mango schälen und feine Scheiben quer zum Kern abschneiden. Aus den Scheiben etwa 6 cm lange und 1,5 cm breite Streifen schneiden, jeweils 2 über Kreuz legen.
Den Passionsfruchtsaft mit dem Puderzucker und dem Wodka glatt verrühren. Die in wenig Wasser eingeweichte und ausgedrückte Gelatine in etwas warmem Wasser auflösen, in die Flüssigkeit einrühren und kalt stellen, bis sie zu gelieren beginnt.
Die Sahne cremig schlagen. Das Eiweiß mit dem Zucker steif schlagen. Erst den Eischnee, dann die Sahne unter die Passionsfruchtmasse ziehen und erneut kalt stellen.
Nun auf jedes Mango-Kreuz etwas Passionsfruchtmousse spritzen und zu einem Ravioli zusammenschlagen. Die Raviolis kalt stellen. Vor dem Anrichten die Raviolis mit etwas Läuterzucker und Grand Marnier bepinseln.

GIN-TONIC-GELEE MIT LIMETTEN-SAFRAN-SORBET UND MANGORAVIOLIS

Für 4 Personen

FRÜCHTESÜLZE

Die Passionsfrucht halbieren und das Fruchtfleisch aus der Schale schaben. Die restlichen Früchte küchenfertig vorbereiten, in kleine Würfel schneiden und mit dem Malibu unter das Passionsfruchtfleisch mischen.
Die in wenig Wasser eingeweichte und ausgedrückte Gelatine in etwas warmem Wasser auflösen und in das Weißwein-Zucker-Gemisch einrühren. Danach die Früchte dazugeben und kalt stellen, bis alles leicht geliert. Die Masse in Halbkugelformen von 2 cm Ø füllen und kalt stellen.

FRÜCHTESÜLZE

1 Passionsfrucht
50 g Wassermelone
2 Physalis
50 g Orange
50 g Mango
50 g Papaya
10 ml Malibu
5 Blatt Gelatine
200 ml Weißwein
50 g Zucker

WACHOLDERSAUCE

Weißwein, Tonic-Water und Zucker miteinander aufkochen und auf die Hälfte einkochen. Das in etwas Weißwein angerührte Stärkemehl dazugeben, kurz aufkochen, etwas abkühlen lassen und zum Schluss die fein gemahlenen Wacholderbeeren und den Gin zufügen.

WACHOLDERSAUCE

200 ml Weißwein
100 ml Tonic-Water
20 g Zucker
1 TL Stärkemehl
3 Wacholderbeeren
20 ml Gin

GETROCKNETE ORANGENZESTEN

Die Orangen waschen, abtrocknen und mit dem Zestenreißer feine Streifen abziehen. Die Zesten 4-bis 5-mal in kochendem Wasser blanchieren.
Orangensaft, Cointreau und Grenadinesirup kurz aufkochen. Die Zesten zugeben, die Flüssigkeit sirupartig einkochen und dann abkühlen lassen. Die Zesten aus dem Sud nehmen und mit Küchenkrepp trockentupfen.
Am besten auf eine Backmatte geben und im vorgeheizten Backofen bei 50 °C ca. 3 Stunden trocknen lassen. Die getrockneten Zesten in der Küchenmaschine fein zermahlen.

GETROCKNETE ORANGENZESTEN

2 unbehandelte Orangen
20 ml Orangensaft
20 ml Cointreau
60 ml Grenadinesirup

ANRICHTEN

Die Früchtesülze, das Gin-Tonic-Gelee, die Mangoraviolis und das Sorbet auf Tellern anrichten. Mit der Wacholdersauce und dem getrockneten Orangenzestenpulver garnieren. Wir platzieren noch ein Schokogitter und einige Safranfäden dazu.

LYCHEESORBET MIT BANANENCOCKTAIL, HIMBEEREN UND KOKOSBLÄTTERN

Für 4 Personen

LYCHEESORBET

- 50 g Wasser
- 40 g Zucker
- 1/2 TL Zitronensaft
- 100 g Lycheefleisch
- 50 ml Sekt oder Champagner

BANANENCOCKTAIL

- 100 g Wasser
- 1/2 Vanilleschote
- 1 TL fein gehackter Ingwer
- 40 g Honig
- 1 cl Rum
- 1 Spritzer Zitronensaft
- 4 cl Ginger Ale
- 1 Banane

KOKOSBLÄTTER

- 90 g Zucker
- 20 g Marzipan
- 1 Prise Zimt
- 1 Prise Salz
- 1 Ei
- 50 g Mehl
- 30 g Sahne
- 3 EL Kokosraspeln

QUARKCREME

- 100 g Zucker
- 2 EL Wasser
- 1 Eiweiß
- 200 g Quark
- 1 Blatt Gelatine
- Saft und Schale von 1 unbehandelten Limette

HIMBEERSAUCE

- 100 g Himbeeren
- 20 g Puderzucker
- Saft von 1/2 Zitrone

LYCHEESORBET

Wasser, Zucker und Zitronensaft miteinander aufkochen und kalt werden lassen. Das Lycheefleisch mit einem Stabmixer pürieren, durch ein Sieb streichen und zum Zuckerwasser zugeben. Die Masse mit dem Sekt vermischen und in der Eismaschine gefrieren lassen.

BANANENCOCKTAIL

Wasser, die aufgeschlitzte Vanilleschote und den Ingwer miteinander aufkochen und in ca. 10 Minuten etwas einkochen.
Den Topf vom Herd nehmen und die Flüssigkeit weitere 15 Minuten ziehen lassen. Den Honig zugeben und darin auflösen. Dann durch ein Sieb abgießen und mit Rum, Zitronensaft und Ginger Ale abschmecken.
Die Banane schälen, in gleich große Würfel schneiden und in den Fond einlegen.

KOKOSBLÄTTER

Zucker, Marzipan, Zimt, Salz und das Ei zuerst mit dem Holzlöffel vermischen, dann mit dem Handrührgerät glatt rühren. Anschließend das Mehl unterheben und die Masse für ca. 1 Stunde kühl stellen; dann die Sahne unterrühren.
Die Masse mit einer Palette auf eine Backmatte mit einer fächerförmigen Schablone belegt dünn ausstreichen, mit den Kokosraspeln bestreuen und im 180 °C heißen Backofen in ca. 5 bis 10 Minuten hell ausbacken.

QUARKCREME

Zucker und Wasser miteinander aufkochen und sirupartig einkochen, bis sich ein leichter Faden bildet.
Inzwischen das Eiweiß aufschlagen, den Zuckerfond langsam dazugeben und dabei weiter schlagen.
Zum Schluss den Quark und die in wenig warmem Wasser eingeweichte und aufgelöste Gelatine zugeben. Mit etwas Limettenschale und Limettensaft abschmecken und die Masse kühl stellen.

HIMBEERSAUCE

Alle Zutaten miteinander mit einem Stabmixer pürieren und anschließend durch ein feinmaschiges Sieb streichen.

ANRICHTEN

In die Mitte der Teller jeweils 1 Nocke Quarkcreme geben und darauf den Kokosfächer platzieren. Jeweils rechts und links der Nocke etwas Bananencocktail, Lychee-Sorbet, Himbeersauce und einige marinierte Himbeeren anrichten.

Für 4 Personen

REISCREME

100 g Basmatireis
1 Vanilleschote
10 g Zucker
200 g Wasser
65 g Joghurt
65 g Crème fraîche
Saft von 1 Limette
(ersatzweise auch Zitrone)
50 g Puderzucker
2 1/2 Blatt Gelatine
2 Eiweiß
20 g Zucker
125 g Sahne

REISCREME

Den Reis mit der aufgeschlitzten Vanilleschote und dem Zucker im Wasser weich kochen.
Die Vanilleschote herausnehmen, die Reismasse mit einem Stabmixer pürieren und durch ein Sieb streichen. Ergibt ca. 130 Gramm.
Basmatireis-Püree, Joghurt, Crème fraîche, Limettensaft und Puderzucker verrühren.
Die in wenig Wasser eingeweichte und ausgedrückte Gelatine leicht erwärmen, schmelzen und unter die Reismasse ziehen.
Das Eiweiß mit Zucker zu einem cremigen, aber nicht schnittfesten Schnee schlagen und vorsichtig unterheben.
Die Sahne steif schagen und ebenfalls vorsichtig unter die Reismasse heben.

REISNOCKEN

50 g Basmatireis
100 ml Wasser
150 ml Grenadine
1/2 Vanilleschote

REISNOCKEN

Den Basmatireis mit dem Wasser aufkochen, die Grenadine und aufgeschlitzte Vanilleschote zugeben und weich quellen lassen.

GRENADINEÄPFEL

3 Granny-Smith-Äpfel
1 Spritzer Zitronensaft
50 g Zucker
75 ml Wasser
75 ml Rotweinessig
300 ml Grenadine

GRENADINEÄPFEL

Die Äpfel schälen, das Kerngehäuse ausstechen und die Früchte und in gleichmäßig dünne Stäbchen schneiden. Mit dem Zitronensaft beträufeln.
Den Zucker in einem Topf karamellisieren und mit Wasser und Rotweinessig ablöschen.
Die Grenadine zugeben, auf 2/3 der Flüssigkeitsmenge einkochen und den Topf vom Herd nehmen. Die Apfelstäbchen darin einlegen.

BASMATIREIS-CREME MIT GRENADINE-ÄPFELN UND KARAMELLISERTEM GRAPPA-EIS

Für 4 Personen

KARAMELLISIERTES GRAPPA-EIS

- 150 g Zucker
- 30 g Wasser
- 250 ml Milch
- 250 g Sahne
- Mark von 1/2 Vanilleschote
- 2 Eier
- 2 Eigelbe
- 100 g Creme fraîche
- 50 – 80 ml Grappa

120 Gramm Zucker in einem beschichteten Topf langsam schmelzen lassen. Sobald er Farbe angenommen hat, mit dem Wasser ablöschen und weiter köcheln, bis sich die Zuckerkruste vollständig vom Topfboden gelöst hat. Milch, Sahne und Vanillemark in den Karamell geben und aufkochen lassen.
Eier, Eigelbe und 30 Gramm Zucker über einem warmen Wasserbad zu einer cremigen Masse aufschlagen und in die noch heiße Masse einrühren. Zum Schluss die Crème fraîche untermengen.
Die Masse abkühlen lassen, in die Eismaschine geben und den Grappa einfließen lassen.

MAISTEIGBLÜTEN

- 6 Maisteigblätter
- 30 g Butter
- 200 ml Frittieröl
- 20 g Puderzucker
- 1 Msp. Zitronenpfeffer

Die Maisteigblätter mit Butter bestreichen und 1,5 cm breite Streifen schneiden. Die Streifen um eine gefettete Schillerlockenform legen und eine Tüte formen. Zum Abschluss den oberen Rand einrollen, so dass die Tüte eine Rosenform bekommt. Diese im Ofen bei 100 °C ca. 5 Minuten trocknen lassen, von den Formen lösen und kurz in heißes Frittieröl tauchen. Danach mit Puderzucker und Zitronenpfeffer bestreuen.

POPCORN-ZUCKERGITTER

- 50 ml Öl
- 50 g Popcornmais
- 50 g Zucker
- 75 g Fondant
- 50 g Glukose

20 ml Öl und den Mais in einen Topf geben, stark erhitzen, zudecken und die Maiskörner zu Popcorn aufplatzen lassen. Anschließend herausnehmen.
In einem Topf den Zucker und das Popcorn unter ständigem Rühren erhitzen, bis der Zucker eine leicht bräunliche Farbe angenommen hat. Das Popcorn sofort in eine Metallschüssel zum Auskühlen schütten.
Fondant und Glukose zu einer zähflüssigen Masse aufkochen. Das Popcorn auf eine geölte Fläche legen und mit Hilfe eines Spießes das leicht abgekühlte Fondant-Glukose-Gemisch wie ein Netz darüber spinnen. Das Netz mit dem Popcorn fest werden lassen.

ANRICHTEN

Die Reiscreme in die Maisteigblüten füllen und mit Puderzucker bestäuben. Eingelegte Äpfel und jeweils 1 Reisnocke auf den Tellern platzieren. Das Grappa-Eis und das Popcornzuckergitter schön dazu anrichten.

Für 4 Personen

HOLUNDERSAFT

500 ml Riesling
100 g Zucker
1/2 Zitrone in Schnitzen
10 Holunderblüten-Stiele

Den Riesling mit dem Zucker und den Zitronenschnitzen kurz aufkochen. Die Holunderblüten kopfüber in den heißen Fond geben und den Topf sofort vom Herd nehmen. Mit einem Deckel verschließen, damit das Aroma beim Abkühlen nicht verloren geht. Über Nacht ziehen lassen. Anschließend den Saft durch ein Sieb abgießen.

HOLUNDERSUPPE

2 Blatt Gelatine
250 g Holundersaft
100 ml trockener Sekt
1 cl Wodka
1 Spritzer Zitronensaft

Die in kaltem Wasser eingeweichte und ausgedrückte Gelatine in dem erwärmten Saft auflösen. Kalt stellen.
Sobald die Masse zu gelieren beginnt, langsam den Sekt, Wodka und Zitronensaft dazugeben, so dass die Perlung erhalten bleibt.

HOLUNDERGRANITÉ

250 g Holundersaft
50–100 ml Sekt
1 Spritzer Zitronensaft

Alles miteinander vermischen, in eine flache Schale geben und in das Tiefkühlfach stellen. Nach 1 Stunde das 1. Mal mit einem Schneebesen oder einer Gabel das angefrorene Granité verrühren und wieder gefrieren. Diesen Vorgang wiederholen, bis keine Flüssigkeit mehr vorhanden ist, sondern nur noch gefrorene Kristalle.

SCHAFSJOGHURT

250 g Schafsjoghurt
Saft und Schale von 1/2 Zitrone
80 g Zucker
1 Msp. fein geriebene Zitronenschale
3 Blatt Gelatine
100 g Sahne

Schafsjoghurt, Zucker, Zitronensaft und Zitronenschale miteinander verrühren. Die in kaltem Wasser eingeweichte und ausgedrückte Gelatine in etwas warmem Wasser auflösen und in die Joghurtmasse einrühren. Anschließend die Sahne steif schlagen und vorsichtig unterheben. Den Schafsjoghurt kalt stellen.

GEBACKENE HOLUNDERBLÜTEN

125 ml Milch
90 g Mehl
1 Eigelb
1 EL Vanillezucker
1 Prise Salz
1 Prise Backpulver
500 ml Frittieröl
4 Holunderblüten-Stiele

Milch und Mehl glatt miteinander verrühren. Dann Eigelb, Vanillezucker, Salz und Backpulver untermischen und den Teig ca. 30 Minuten kalt stellen.
Das Frittieröl erhitzen, die Holunderblüten in den halbflüssigen Backteig eintauchen, den überschüssigen Teig am Schüsselrand abstreifen und in ständiger Bewegung in heißem Öl goldgelb ausbacken. Auf Küchenkrepp abtropfen lassen.

GELIERTE HOLUNDERSUPPE MIT GRANITÉ, SCHAFSJOGHURT UND SCHOKOLADENRAVIOLI

Für 4 Personen

SCHOKOLADENRAVIOLI

Teig:
- 140 g Mehl und
- Mehl für die Arbeitsfläche
- 10 g Kakao
- 50 g Nuss-Nougat
- 5 g Wasser
- 3 Eigelbe
- 1 Eiweiß

Füllung:
- 15 g weiche Butter
- 10 g Zucker
- Schale von 1/2 Zitrone
- 1 Eigelb
- 50 g Quark
- 10 g Marzipan
- 15 g Hefeteigbrösel

Kochflüssigkeit:
- 250 ml Milch
- 80 g Zucker
- 1/2 Vanillestange

Mehl und Kakao vermischen. Alle weiteren Zutaten gut miteinander verrühren. Unter Rühren die Kakao-Mehl-Mischung nach und nach dazugeben, zu einem glatten Teig verarbeiten und 1 Stunde kühl stellen. Auf einer etwas bemehlten Arbeitsfläche sehr dünn ausrollen.
Butter, Zucker und Zitronenschale schaumig aufschlagen, das Eigelb zufügen und weiter schlagen. Zuletzt alle anderen Zutaten unterheben. Die Masse in einen Spritzbeutel füllen und auf die Hälfte der Teigplatte aufspritzen. Mit der anderen Teighälfte zudecken. Mit einem gezackten Ausstecher Raviolis ausstechen. Kalt stellen.
Kurz vor dem Anrichten Milch, Zucker und Vanillestange miteinander aufkochen. Die Raviolis hineingeben, leicht köcheln und anschließend kurz ziehen lassen.

DEKORATION 1

- 2 Granny-Smith-Äpfel
- 200 ml Rotwein
- 50 ml Grenadine
- 50 g Zucker

Die Äpfel schälen und das Kerngehäuse ausstechen. Die Äpfel in 1 cm dicke Scheiben schneiden und mit einem gezackten Ausstecher Ringe ausstechen. Rotwein, Grenadine und Zucker miteinander aufkochen. Die Apfelscheiben kurz mitkochen, dann den Topf vom Herd nehmen und die Apfelscheiben darin ca. 2 Stunden ziehen lassen.

DEKORATION 2

- 50 g Zucker
- 4 Pistazien

Den Zucker schmelzen und die Pistazien einzeln darin wälzen.

DEKORATION 3

- 4 Himbeeren
- 50 g Schokoladenspäne

Die Himbeeren in Scheibchen aufschneiden.

ANRICHTEN

Die gelierte Holundersuppe in tiefe Teller geben und jeweils 3 kleine Nocken Schafsjoghurt einsetzen. Jeweils 1 Nocke mit Himbeerscheiben, Schokoladenspänen und der karamellisierten Pistazie garnieren. Dann die Schokoladenraviolis mit dem Granité belegt, die gebackenen Holunderblüten und Apfelscheiben darauf anrichten.

Für 4 Personen

SCHOKOLADENPRALINE CANACHE

50 g Zartbitterschokolade
25 g Sahne
10 g weiche Butter
1 cl Rum

CANACHE

Die Zartbitterschokolade in der heißen Sahne auflösen. Danach die Butter unterrühren und mit dem Rum abschmecken. Die Canache fest werden lassen und mit einem Kugelausstecher von 2 cm Ø Kugeln formen. Für ca. 3 Stunden ins Gefrierfach geben.

TEMPURATEIG

50 g Mehl
25 g Weizenpuder
10 g Kakaopulver
10 g Zucker
1 TL Öl
150 – 200 ml Eiswasser
1 Prise Backpulver
200 ml Frittieröl
Puderzucker
zum Bestäuben

TEMPURATEIG

Alle Zutaten zu einem glatten Teig verarbeiten und kühl stellen. Die Canache-Kugeln darin wälzen, in heißem Frittieröl bei 180 °C in ca. 2 Minuten ausbacken, auf Küchenkrepp abtropfen lassen und mit Puderzucker bestäuben.

APRIKOSENTORTE EINGELEGTE APRIKOSEN

150 ml Weißwein
60 g Zucker
Mark von 1/2 Vanillestange
Saft von 1/2 Zitrone
8 Aprikosen
2 cl Aprikosengeist

APRIKOSENTORTE EINGELEGTE APRIKOSEN

Den Weißwein mit dem Zucker, Vanillemark, der aufgeschlitzten Vanillestange und dem Zitronensaft aufkochen. Die Aprikosen schälen, halbieren, entsteinen und 1 Stunde in dem Fond zugedeckt ziehen lassen. Den Aprikosengeist in den ausgekühlten Fond geben.

CRÊPETEIG

40 g Weizenstärke
20 g Kakao
70 ml Milch
40 g Zucker
4 Eier
40 g flüssige Butter
Öl zum Ausbacken

CRÊPETEIG

Die Weizenstärke mit dem Kakaopulver mischen und mit der Milch und dem Zucker glatt verrühren. Die Eier und die flüssige Butter unterrühren und für 30 Minuten kühl stellen.
Aus der Masse mindestens 6 sehr dünne Crêpes von ca. 15 cm Ø ausbacken und auskühlen lassen. Die Crêpes einzeln zwischen Backpapier legen, einen flachen schweren Gegenstand darauf stellen und 30 Minuten pressen.

SCHOKOLADENPRALINE IN TEMPURA MIT APRIKOSENCRÊPE-TORTE UND CONFIT

Für 4 Personen

APRIKOSENCREME

- 150 ml Milch
- 50 g Zucker
- Mark von 1/2 Vanilleschote
- 10 g Vanillecreme-Pulver
- 3 Blatt Gelatine
- 2 Eiweiß
- 10 g Zucker
- 150 g Sahne
- 50 g Crème fraîche
- 2 cl Aprikosengeist

100 ml Milch, Zucker und Vanillemark aufkochen. Das in der restlichen kalten Milch glatt angerührte Vanillecremepulver zugeben und unter Rühren nochmals aufkochen lassen. Den Topf vom Herd nehmen.
Die in wenig kaltem Wasser eingeweichte und ausgedrückte Gelatine in der heißen Masse auflösen und kalt werden lassen.
Eiweiß und Zucker cremig aufschlagen und unterheben. Anschließend die Sahne ebenfalls cremig schlagen und zusammen mit der Crème fraîche und dem Aprikosengeist unter die kalte Masse ziehen.
Die Crêpes mit der Creme in einer ca. 15 cm großen Ringform schichtweise einsetzen. In die Mitte eine Schicht mit eingelegten Aprikosen geben und mit einer Cremeschicht abschließen.

APRIKOSEN-CONFIT

- 4 eingelegte Aprikosen
- 50 ml Aprikosenfond
- 1/2 Blatt Gelatine

Die Aprikosen in Streifen schneiden. Die in wenig kaltem Wasser eingeweichte und ausgedrückte Gelatine erwärmen, auflösen und in den Aprikosenfond geben; leicht gelieren lassen. Die Aprikosenstreifen dann darin wenden und in einer 2 cm breiten Tartelett-Form übereinander schichten. Nach Erkalten die Förmchen kurz in warmes Wasser tauchen und kopfüber stürzen.

GARNITUR

- 100 g dunkle Valhrona-Kuvertüre

Die aufgelöste Kuvertüre in eine Papiertüte geben, verschließen und die Spitze aufschneiden. Auf eine Plastikfolie Ornamente spritzen, fest werden lassen und kurz kühl stellen. Mit sehr wenig Kuvertüre je 4 Ornamente zusammensetzen.

APRIKOSEN-JOGHURT-SAUCE

- 100 g Joghurt
- 20 g Puderzucker
- 4 eingelegte Aprikose
- 1 EL Aprikosenfond
- 10 ml Aprikosengeist
- 1 TL Puderzucker

Den Joghurt mit 10 Gramm Puderzucker vermischen und in eine Spritztüte füllen.
Die Aprikosen samt Fond und Aprikosengeist und dem restlichen Puderzucker pürieren, durch ein Sieb streichen und ebenfalls in eine Spritztüte füllen.

ANRICHTEN

Den Innenrand der Teller mit Punkten der Aprikosen-Joghurt-Sauce ausgarnieren und mit einem Stäbchen durchziehen.
Die Crepes-Torte aus dem Ring nehmen und in dünne Scheiben aufschneiden. Zusammen mit dem Schokoladenornament, dem Aprikosensockel und der Schokoladenpraline auf den Tellern anrichten.

KNUSPRIGER ZWETSCHGENCRÊPE MIT BUTTERMILCH-CORNETS UND PORTWEINPFLAUMEN-EISPARFAIT

Für 4 Personen

CRÊPETEIG

Mehl, Milch und Wasser glatt miteinander verrühren. Die restlichen Zutaten unterrühren und den Teig ca. 1 Stunde kühl stellen. Aus der Masse mindestens 4 dünne Crêpes von ca. 14 cm Ø ausbacken.

CRÊPETEIG

- 40 g Mehl
- 80 ml Milch
- 25 ml Wasser
- 1 Prise Salz
- 1 TL Zucker
- 1 Ei
- 1 Eigelb
- 10 g flüssige Butter
- Öl zum Ausbacken

FÜLLUNG

Rotwein, Portwein, Zucker und Zimtstange aufkochen und ca. 3 Minuten einkochen lassen. Die Stärke mit dem Wasser anrühren und den Rotweinsud damit binden.

Die Zwetschgen waschen und entsteinen; die Hälfte in Streifen schneiden, die andere Hälfte grob würfeln.

Die Zwetschgenstreifen in der Hälfte des heißen Rotweinsuds einlegen. Die Zwetschgenwürfel im restlichen Rotweinsud marinieren.

Die eingelegten Zwetschgenwürfel in die Mitte des Crêpes legen. Den Crêpe zu einem Beutel verschließen und mit einem Lebensmittelbindfaden zusammenbinden. Vor dem Anrichten in heißem Fett ausbacken, Bindfaden entfernen, mit Puderzucker bestäuben.

FÜLLUNG

- 100 ml Rotwein
- 50 ml Portwein
- 50 g Zucker
- 1/2 Zimtstange
- 1 EL Stärke
- 2 EL Wasser
- 10 Zwetschgen
- Öl zum Ausbacken
- etwas Puderzucker

BUTTERMILCHCORNETS

Die Buttermilch mit dem Zucker verrühren und mit der Zitronenschale und dem Saft abschmecken.

Die in wenig kaltem Wasser eingeweichte und ausgedrückte Gelatine erwärmen, auflösen und unterrühren. Die Sahne cremig schlagen und unterheben.

Die Masse in kegelförmige Formen abfüllen und kühl stellen.

BUTTERMILCHCORNETS

- 50 ml Buttermilch
- 10 g Zucker
- Saft und Schale von
- 1/4 unbehandelten Zitrone
- 2 Blatt Gelatine
- 100 g Sahne

Für 4 Personen

ORANGENSTÄBE

2 unbehandelte Orangen
50 ml Cointreau
100 ml Wasser
100 g Zucker

ORANGENSTÄBE

Die Schale der Orange abschneiden und in dünne Streifen schneiden. Darauf achten, dass keine weiße Haut an der Schale ist. Die Streifen ca. 5-mal in kochendes Wasser geben, herausnehmen, kalt abschrecken und abtropfen lassen. So lösen sich die Bitterstoffe heraus.
Den Zucker mit dem Wasser aufkochen lassen, die Orangenstäbe hineingeben und 2 Minuten mitkochen lassen. Vom Herd nehmen und auskühlen lassen. Dann den Cointreau zugeben und über Nacht ruhen lassen.

PORTWEIN-PFLAUMENEIS-PARFAIT

5 getrocknete Pflaumen
15 cl Portwein
1 Ei
50 g Zucker
Mark von 1/2 Vanilleschote
1 Blatt Gelatine
300 g Sahne

PORTWEIN-PFLAUMENEIS-PARFAIT

Die Pflaumen in kleine Würfel schneiden, mit dem angewärmten Portwein übergießen und über Nacht marinieren.
Das Ei mit dem Zucker und dem Vanillemark schaumig aufschlagen und die eingeweichte, ausgedrückte und in wenig warmem Wasser aufgelöste Gelatine unterrühren.
Die Sahne cremig aufschlagen und unterziehen.
Die eingeweichten Portweinpflaumen mit ein paar grob geschnittenen Orangenstäben unterheben. Die Masse in eine Dreiecksform von ca. 16 cm Länge und 7 cm Höhe einfüllen und über Nacht einfrieren.

NÜSSE

20 g Walnüsse
20 g Pinienkerne
2 EL Honig

NÜSSE

Die Walnüsse und Pinienkerne in der Pfanne trocken rösten und mit Honig abschmecken.

ANRICHTEN

Die Buttermilchcornets stürzen und abwechselnd mit den Nüssen, dem Zwetschgenkompott und den Orangenstäben auf Tellern anrichten. In die Mitte jeweils 1 Scheibe Portweinpflaumen-Eisparfait legen und darauf die gefüllten und ausgebackenen Zwetschgencrêpes setzen.

GEBACKENE HONIGMILCH MIT HEIDELBEEREN, KARTHÄUSERKLÖSSCHEN UND KARDAMOMEIS

Für 4 Personen

HONIGMILCH

15 g Zucker
200 g Milch
25 g Honig
1 Eiweiß
20 g Weizenpuder
Zucker-Mehl-Mischung
(20 g Zucker : 10 g Mehl)

HONIGMILCH

Zucker und Milch miteinander aufkochen lassen, dann den Honig einrühren.
Eiweiß und Weizenpuder miteinander verquirlen und in die kochende Milch einrühren, nochmals aufkochen lassen.
Die Masse in eine kleine, mit Fettpapier ausgelegte, flache Kastenform von 15 x 15 cm gießen und erkalten lassen.
Nach dem Erkalten in 3 cm große Würfel schneiden und in der Zucker-Mehl-Mischung wenden.
Im vorgeheizten Backofen bei 220 °C ca. 5 Minuten goldbraun backen.

KARTHÄUSERKLÖSSCHEN

2 altbackene Brötchen
40 g Mie de pain
(siehe Glossar)
250 g Sahne
75 g Puderzucker
1 Ei
Mark von 1/2 Stange Vanille
400 ml Frittieröl

KARTHÄUSERKLÖSSCHEN

Die Rinde der Brötchen abreiben, die Brösel sieben und mit dem geriebenen Weißbrot mischen.
Die Brötchen in ca. 3 cm große Würfel schneiden.
Sahne, Puderzucker, Ei und Vanillemark miteinander verrühren.
Die Brötchenwürfel darin einweichen, herausnehmen, leicht ausdrücken und in dem geriebenen Weißbrot wenden. Anschließend in heißem Frittieröl goldbraun ausbacken. Herausnehmen und auf Küchenkrepp abtropfen lassen.

KARDAMOMEIS

250 ml Milch
250 g Sahne
abgeriebene Schale
von 1 Orange
1/2 TL gemahlener Kardamom
100 g Zucker
2 Eigelbe
1 Ei
1 TL Rum

KARDAMOMEIS

Milch, Sahne, Orangenabrieb und Kardamom aufkochen lassen.
Inzwischen Zucker, Eigelbe und Ei schaumig schlagen, in die kochende Masse einrühren und unter Rühren dickflüssig werden lassen – nicht mehr kochen!
Dann abkühlen lassen und den Rum dazugeben. Die Creme durch ein Sieb abgießen und anschließend in der Eismaschine frieren lassen.

HEIDELBEERMOUSSE

500 g Heidelbeeren
80 g Zucker
Saft von 1/2 Zitrone
2 EL Joghurt
3 Blatt Gelatine
150 g Sahne

HEIDELBEERMOUSSE

Die Heidelbeeren putzen, waschen und verlesen. Zusammen mit dem Zucker und Zitronensaft pürieren und durch ein Sieb streichen. Danach den Joghurt und die in wenig Wasser eingeweichte und aufgelöste Gelatine unterrühren. Die Sahne cremig schlagen, vorsichtig unterheben und kühl stellen.

ANRICHTEN

Die Honigmilch, Nocken vom Heidelbeermousse und die Karthäuserklößchen und das Kardamomeis auf dem Teller anrichten, mit Heidelbeeren und Joghurtsauce garnieren.

VANILLEKIPFEL-TERRINE MIT BANANEN-EIERLIKÖR-EIS, ZWERGORANGEN UND SCHLOSSERBUBEN

Für 4 Personen

VANILLEKIPFEL-TEIG

Alle Vanillekipfel-Zutaten schnell zu einem glatten Teig verarbeiten; diesen zugedeckt ca. 15 Minuten ruhen lassen.
Den Teig zu 5 dünne Stangen und 8 Kipfeln formen, auf ein leicht gefettetes Blech legen und im Backofen bei 180 °C ausbacken.

20 g geröstete und gemahlene Haselnüsse
60 g Mehl
20 g Zucker
40 g Butter
2 Eigelbe
1 Prise Salz
Mark von 1 Vanilleschote
Fett für das Blech

VANILLEKIPFEL-TERRINE

ZUTATEN 1. MASSE

Die Gelatine in wenig kaltem Wasser einweichen.
Inzwischen die Sahne cremig schlagen und mit dem Vanillemark, den Kokosraspeln, Zucker und Haselnüsse vermischen.
Die Gelatine ausdrücken, in wenig warmem Wasser auflösen, etwas Sahnecreme dazugeben und glatt verrühren.
Die Gelatine-Sahne in die restliche Sahnemasse geben, alles gut miteinander vermischen und mit dem Kokoslikör abschmecken.

2 Blatt Gelatine
150 g Sahne
Mark von 1 Vanilleschote
10 g Kokosraspeln
10 g Zucker
10 g gemahlene Haselnüsse
20 g Kokoslikör

ZUTATEN 2. MASSE

Das Eiweiß mit dem Zucker steif schlagen. Die Sahne cremig schlagen.
Die in wenig kaltem Wasser eingeweichte Gelatine ausdrücken, in etwas warmem Wasser auflösen und mit dem Eierlikör glatt verrühren.
Zuerst das Eiweiß, dann die Sahne unterheben.

1 1/2 Blatt Gelatine
1 Eiweiß
5 g Zucker
100 g Sahne
50 g Eierlikör

TERRINE

Eine 16 cm lange und 7 cm hohe Dreicks-Terrinenform mit Klarischtfolie auslegen.
2/3 der 1. Masse einfüllen, mit den Schokospänen bestreuen, 2 Vanillekipfelstangen darauf legen und mit der 2. Masse bedecken. Darauf nun die 3 übrigen Vanillekipfelstangen legen, mit der restlichen 1. Masse bestreichen und für 3 Stunden kalt stellen.
Kurz vor dem Anrichten auf eine Platte stürzten und mit einem heißen Messer aufschneiden.

50 g Schokospäne

BANANEN-EIERLIKÖR-EIS

Die Bananen schälen und grob zerkleinern.
Zucker, Wasser, Zitronensaft und Orangensaft aufkochen. Zusammen mit den Bananen und dem Traubenzucker mit einem Stabmixer pürieren und abkühlen lassen.
In die kalte Masse den Eierlikör einrühren und in der Eismaschine gefrieren lassen.

200 g Bananen
35 g Zucker
125 ml Wasser
15 ml Zitronensaft
80 ml Orangensaft
20 g Traubenzucker
50 g Eierlikör

PHYSALISKOMPOTT

Die Physalis waschen und achteln. Zucker und Orangensaft aufkochen, etwas einkochen und dann abkühlen lassen. Die Physalis in den abgekühlten Fond einlegen.

8 Physalis
50 g Zucker
50 ml Orangensaft

Für 4 Personen

KUMQUATS

10 Kumquats
100 ml Wasser
100 g Zucker

Die Kumquats heiß abwaschen. 2 Kumquats der Breite, die anderen der Länge nach halbieren. Anschließend 5 bis 6 mal in kochend heißem Wasser blanchieren, so dass die Bitterstoffe herausgehen.
Zucker und Wasser miteinander aufkochen und die Kumquats darin einlegen.

SCHLOSSERBUBEN

EINGELEGTE PFLAUMEN

100 ml Rotwein
50 g Zucker
½ Zimtstange
50 ml Portwein
4 Trockenpflaumen

Den Rotwein mit dem Zucker und der Zimtstange aufkochen und auf ⅓ der Flüssigkeitsmenge einkochen lassen. Dann den Portwein dazugeben und nochmals kurz aufkochen. Die Pflaumen in den Sud einlegen und mindestens 3 Stunden ziehen lassen.

FÜLLMASSE

50 g Marzipan
1 Eigelb
1 EL flüssige Butter

Marzipan und Eigelb aufschlagen, die Butter dazugeben und glatt verrühren. Die Pflaumen mit der Masse füllen.

BACKTEIG

50 g Mehl
10 g Zucker
50 g Stärkemehl
1 Msp. Backpulver
50 g Eiswasser
1 cl Portwein
200 ml Frittieröl

Mehl, Zucker, Stärkemehl, Backpulver, Eiswasser und Portwein zu einem glatten Teig verrühren.

SCHLOSSERBUBEN

100 g Kuvertürspäne

Die eingelegten Pflaumen vor dem Anrichten darin wenden und in heißem Frittieröl in ca. 2 bis 3 Minuten goldbraun ausbacken. Herausnehmen und in den Kuvertürespänen wenden.

ANRICHTEN

Die Terrine aufschneiden und Terrinenstücke aufrecht auf den Teller stellen. Daneben 1 ganze Physalis legen. Die der Breite nach halbierten Kumquats mit Physaliskompott füllen und mit dem restlichen Kompott und den Kumquats anrichten. Jeweils 1 gefüllte und ummantelte Pflaume (Schlosserbuben) und 1 Kugel Bananen-Eierlikör-Eis dazugeben.

Für 4 Personen

BISQUIT

2 Eier
100 g Zucker
50 g Mehl
50 g Weizenpuder
40 g Butter

MARONENCREME

300 g Sahne
30 g Zucker
50 g geschälte Maronen
2 Blatt Gelatine
2 cl Kirschwasser
20 g Kakao

KAFFEETRÄNKE

100 ml gekochter Kaffee
1 cl Cognac
20 g Läuterzucker
(Zucker : Wasser = 1:1)

BISQUIT

Eier und Zucker über einem Wasserbad warm aufschlagen, auf ein kaltes Wasserbad stellen und kalt schlagen, bis eine stabile Masse entsteht.
Danach das gesiebte Mehl und Weizenpuder vorsichtig unterziehen. Zum Schluss die aufgelöste Butter dazugeben.
Den Teig in eine rechteckige Form von 15 x 15 cm füllen und im vorgeheizten Backofen bei 180 °C ca. 20 Minuten backen. Den ausgekühlten Boden waagerecht in 4 gleich große Stücke teilen.

MARONENCREME

100 Gramm Sahne in einen Topf geben, Zucker und Maronen zufügen und in ca. 10 bis 15 Minuten kochen.
Den Topf vom Herd nehmen, die Masse abkühlen lassen und mit einem Stabmixer pürieren; danach durch ein feinmaschiges Sieb streichen.
Die Gelatine einweichen, ausdrücken und in wenig warmem Wasser auflösen; dann in die kalte Maronencreme einrühren.
Die restliche Sahne cremig schlagen, unterziehen und mit dem Kirschwasser abschmecken.

KAFFEETRÄNKE

Die Zutaten für die Kaffeetränke vermischen.

MARONENKUCHEN

In die quadratische Backform von 15 cm Kantenlänge 1 Schicht Bisquitboden einlegen und mit Hilfe eines Pinsels die Kaffeetränke darauf verstreichen. Einen Teil der Maronencreme mit einer Palette gleichmäßig auf den getränkten Boden streichen. Diesen Vorgang 3-mal wiederholen und mit einer Cremeschicht abschließen (etwas Maronencreme zurückbehalten).
Die Form ca. 1 Stunde kalt stellen. Zum Schluss mit Kakao bestäuben.

GETRÄNKTER MARONENKUCHEN MIT CAPPUCCINO, MANDARINEN-MOHRENKOPF UND WALNUSS-MARONENEIS

Für 4 Personen

WALNUSS-MARONEN-EIS

60 g Zucker
50 g Walnüsse
250 g geschälte Maronen
100 g Sahne
100 g Milch
Mark von 1/2 Vanilleschote
3 Nelken
3 Pimentkörner
40 ml Kirschwasser

30 Gramm Zucker in einem beschichteten Topf schmelzen lassen, dann die Walnüsse darin karamellisieren.
Den restlichen Zucker ebenfalls in einem beschichteten Topf schmelzen lassen. Die geschälten Maronen, Sahne, Milch, Vanillemark und Gewürze dazugeben und ca. 30 Minuten kochen, bis die Maronen weich sind.
Die Gewürze herausnehmen, die Masse mit einem Stabmixer pürieren und durch ein feinmaschiges Sieb streichen.
Die Masse erkalten lassen. Dann das Kirschwasser zugeben und in der Eismaschiene gefrieren lassen.
Die karamellisierten Walnüsse klein hacken und in das fast fertige Eis geben.

MARONENKOMPOTT

30 g Zucker
50 g geschälte Maronen
1 EL weißer Balsamico-Essig
Saft von 2 Orangen
10 g Sellerieschale von der Knolle
20 g Rosinen
10 g Butter
1 cl Kirschwasser

Den Zucker in einem beschichteten Topf schmelzen lassen, dann die Maronen darin karamellisieren. Mit dem Essig ablöschen. Orangensaft, Sellerieschale und Rosinen zufügen.
Die Maronenmasse sirupartig einkochen.
Die kalte Butter unterrühren und mit dem Kirschwasser abschmecken. Zum Schluss die Sellerieschale wieder entfernen – sie verleiht eine spezielle Würze.

MARONEN-KAFFEE-SCHAUM

15 g Zucker
50 g geschälte Maronen
Saft und Zesten von 1 Orange
1 Nelke
1 Pimentkorn
10 g Rosinen
50 g Sahne
1 cl Kirschwasser
2 cl Grand Marnier
30 ml gekochten Kaffee

Den Zucker in einem Topf schmelzen und die Maronen darin karamellisieren lassen. Mit Orangensaft ablöschen. Orangenzesten, Nelke, Piment und Rosinen dazugeben und etwas einkochen.
Dann die Sahne, Kirschwasser, Grand Marnier und Kaffee zugießen und alles gut miteinander vermischen.
Die Masse abkühlen lassen. Piment und Nelke herausnehmen und die Flüssigkeit mit einem Stabmixer pürieren. Danach durch ein feinmaschiges Sieb streichen.

Für 4 Personen

MANDARINEN-MOHRENKOPF

MANDARINENGELEE (INNENKUGEL)

3 Mandarinen
1 1/2 Blatt Gelatine
1 cl Cointreau

1 Mandarine schälen und die einzelnen Segmente in kleine Stücke schneiden. Eine weitere Mandarine auspressen. Die 3. Mandarine für die Garnitur beiseite legen.
Den Mandarinensaft mit dem Cointreau abschmecken und die eingeweichte und in wenig warmem Wasser aufgelöste Gelatine unterrühren. Die Masse leicht gelieren lassen.
Die Mandarinenstücke mit dem Gelee mischen, in eine kleine Halbkugel von 2 cm Ø füllen und kalt stellen. Nach 20 Minuten die Halbkugel mit heißem Wasser aus der Form lösen und erneut kühl stellen.

MANDARINENCREME

200 g frisch gepresster Mandarinensaft
2 Blatt Gelatine
10 g Grenadine
2 cl Cointreau
1 cl Amaretto
Saft von 1/2 Zitrone
25 g Crème fraîche
1 Eiweiß
15 g Zucker
50 g geschlagene Sahne

Den Mandarinensaft auf 1/3 der Flüssigkeitsmenge einkochen lassen. Die eingeweichte und ausgedrückte Gelatine im heißen Mandarinenfond auflösen, dann abkühlen lassen. Grenadine, Cointreau, Amaretto, Zitronensaft und Crème fraîche unterrühren.
Das Eiweiß mit dem Zucker cremig schlagen. Die Sahne cremig schlagen.
Erst die Eiweiß-Creme unter die Masse ziehen, dann die Sahne unterheben.
Die Hälfte der Creme in eine Halbkugel von 8 cm Ø füllen, jeweils 1 Geleekugel hineindrücken und mit der restlichen Creme bedecken.

CANACHE

30 g Sahne
20 g Zucker
10 g Glukose
10 g Butter
60 g Valhrona-Zartbitterkuvertüre

Sahne, Zucker, Glukose und Butter aufkochen, dann den Topf vom Herd nehmen. Die Kuvertüre darin unter Rühren auflösen und die Masse abkühlen lassen.
Die Mandarinenhalbkugel aus der Form lösen, auf ein Gitter setzen und mit der flüssigen, aber kalten Canache überziehen. Kühl stellen.

GARNITUR

20 g Kakaopulver
10 g Puderzucker
4 EL frische Vollmilch mit Milchschäumer aufgeschäumt

ANRICHTEN

Das Kakaopulver mit etwas Puderzucker vermischt mit Hilfe einer Gitterschablone auf die Teller pudern. Den Mandarinen-Mohrenkopf mit einem Elektromesser teilen und den Maronenkuchen in gleich große Dreiecke schneiden. Das Maronenkompott, Mandarinenfilets und das Walnuss-Maronen-Eis auf den Tellern anrichten. Die übrige Maronencreme in Gläschen verteilen und diese mit dem warmen Maronen-Kaffeeschaum auffüllen, mit etwas Milchschaum dekorieren.

Für 4 Personen

MOKKAEIS

250 ml Milch
250 g Sahne
30 g Kaffeebohnen
7 Eigelbe
100 g Zucker

MOKKAEIS

Milch und Sahne mit den Kaffeebohnen aufkochen.
Zucker und Eigelbe miteinander weißschaumig aufschlagen und in die kochende Masse einrühren. Unter ständigem Rühren nochmals erhitzen – nicht kochen! – und dann sofort den Topf von der Herdplatte nehmen.
Die Masse immer weiter rühren, bis sie abgekühlt ist. Durch ein Sieb abgießen und in der Eismaschine gefrieren lassen.

HIPPENMASSE

50 g Zucker
20 g Marzipan
1 Msp. Zimt
1 Msp. Salz
1 Ei
50 g Mehl
10 g Sahne

HIPPENMASSE

Zucker, Marzipan, Zimt, Salz und das Ei gut mit dem Handrührgerät zu einer glatten Masse verrühren. Danach das Mehl mit einem Holzlöffel unterheben. Die Masse zugedeckt ca. 1 Stunde kühl stellen. Die Sahne erst vor dem Backen unterrühren.
Die Hippenmasse mit einer Schablone auf eine Backmatte (siehe Glossar) dünn ausstreichen und im vorgeheizten Backofen bei 180 °C in ca. 5 Minuten hellbraun backen.
Herausnehmen, die Platte sofort ablösen und Wellen formen.

ROSINENSCHMELZE

50 ml Weißwein
30 g Puderzucker
20 g Butter
50 g Rosinen
1 EL Rum

ROSINENSCHMELZE

Weißwein und Puderzucker verrühren und etwas einkochen lassen. Den Topf von der Herdplatte nehmen, die kalte Butter einrühren und dann die Rosinen und den Rum dazugeben.

CHRISTSTOLLEN

Ingredienzien:
100 g Rosinen
30 g gehackte Mandeln
10 g gehackte bittere Mandeln
10 g Zitronat
10 g Orangeat
50 ml Rum

Teig:
200 g Mehl
20 g Hefe
2 EL warme Milch
50 g Zucker
1 Prise Salz
75 g Butterschmalz
25 g Butter
20 g Marzipan
Mark von 1/2 Vanilleschote
1 Prise Zimt
1 Prise Kardamon
1 Prise Nelkenpulver
Zesten von je 1/2 Orange und 1/2 Zitrone
Mehl für die Arbeitsfläche
30 g flüssige Butter
100 g Vanillezucker (Zucker und 1 ausgeschabte Vanilleschote)

CHRISTSTOLLEN

Rosinen, beide Mandelsorten, Zitronat und Orangeat für 24 Stunden in den Rum einlegen.
Aus Mehl, Hefe, lauwarmer Milch, der Hälfte des Zuckers und Salz einen Vorteig rühren und zugedeckt 20 Minuten gehen lassen.
Dann den restlichen Zucker, das weiche Butterschmalz, Butter, Marzipan und sämtliche Gewürze in den Vorteig geben und in der Küchenmaschine zu einem festen Teig verarbeiten.
Den Teig nochmals 20 Minuten gehen lassen.
Die einlegten Früchte vorsichtig in den Teig einkneten und nochmals 15 Minuten ruhen lassen – der Stollenteig sollte eine trockene und feste Konsistenz haben.
Den Teig zu einer Stange formen. Diese auf der bemehlten Arbeitsfläche ausrollen, so dass der Teig in der Mitte dünner ist als an den Rändern. Den Teig längs 1-mal zusammenklappen.
Den Stollen zugedeckt weitere 20 Minuten gehen lassen und dann im vorgeheizten Backofen bei ca. 200 °C ca. 20 bis 30 Minuten hell backen. Den Christstollen anschließend mit der flüssigen Butter einstreichen und mit Vanillezucker bestreuen.

CHRISTSTOLLENSOUFFLÉ MIT WEISSEM MOKKAEIS UND ZITRUSFRÜCHTEN

Für 4 Personen

CHRISTSTOLLENSOUFFLÉ

Butter und 10 Gramm Zucker schaumig rühren und die Eigelbe dazugeben. Dann die restlichen Zutaten außer dem Eiweiß unterrühren.
Die Soufflêförmchen mit Butter ausstreichen und mit der Hälfte des Zuckers auskleiden.
Das Eiweiß mit dem restlichen Zucker zu steifem Schnee schlagen.
Die Hälfte unter die Butter-Zucker-Gewürz-Masse ziehen, danach die andere Hälfte vorsichtig unterheben.
Die Soufflémasse in die vorgefertigten Förmchen füllen und im Wasserbad im vorgeheizten Backofen bei 180 °C ca. 20 Minuten backen. Während des Backens nicht die Ofentür öffnen.

CHRISTSTOLLENSOUFFLÉ

40 g Butter
10 g Zucker
2 Eigelbe
50 g fein gemahlener Christstollen
5 g Mandeln
10 g fein gehackte Rosinen
10 g Marzipan
Zesten von 1/2 Orange
Zesten von 1/2 Zitrone
1 Prise Zimt
1 Prise Kardamon
1 Prise Nelkenpulver
Mark von 1/2 Vanilleschote
1 cl Rum
2 Eiweiß

Für die Förmchen:
20 g weiche Butter
40 g Zucker

PUNSCHSAUCE

Das Wasser zum Kochen bringen und den Tee 2 Minuten darin ziehen lassen, dann absieben und mit dem restlichen Zutaten langsam auf die Hälfte einkochen lassen. Zum Schluss mit dem in etwas Rotwein angerührtem Stärkemehl abbinden. Die Sauce durch ein feinmaschiges Sieb streichen.

PUNSCHSAUCE

150 g Wasser
10 g Earl Grey Tee oder Assam
Saft und Zesten von 2 Orangen
1/4 Zimtstange
Mark von 1/2 Vanilleschote
2 Gewürznelken
2 Pimentkörner
2 Wacholderbeeren
80 g Zucker
200 ml Rotwein
5 ml Portwein
5 ml Kirschwasser
5 ml Rum
10 g Stärkemehl

JOGHURTSAUCE

Alle Zutaten miteinander verrühren.

JOGHURTSAUCE

50 g Joghurt
20 g Puderzucker
Saft von 1 Zitrone

ZITRUSFRÜCHTE

Die Zitrusfrüchte filetieren und mit Grand Marnier marinieren.

ZITRUSFRÜCHTE

1 Orange
1 Grapefruit rosé
1 Grapefruit weiß
4 cl Grand Marnier

ANRICHTEN

Mit der Punsch- und Joghurtsauce den Tellerinnenrand garnieren. Die Zitrusfrüchte abwechselnd kreisartig auf den Tellern auslegen. Das Soufflé sofort nach dem Backen anrichten, das Eis mit der Rosinenschmelze und der Hippe anrichten.

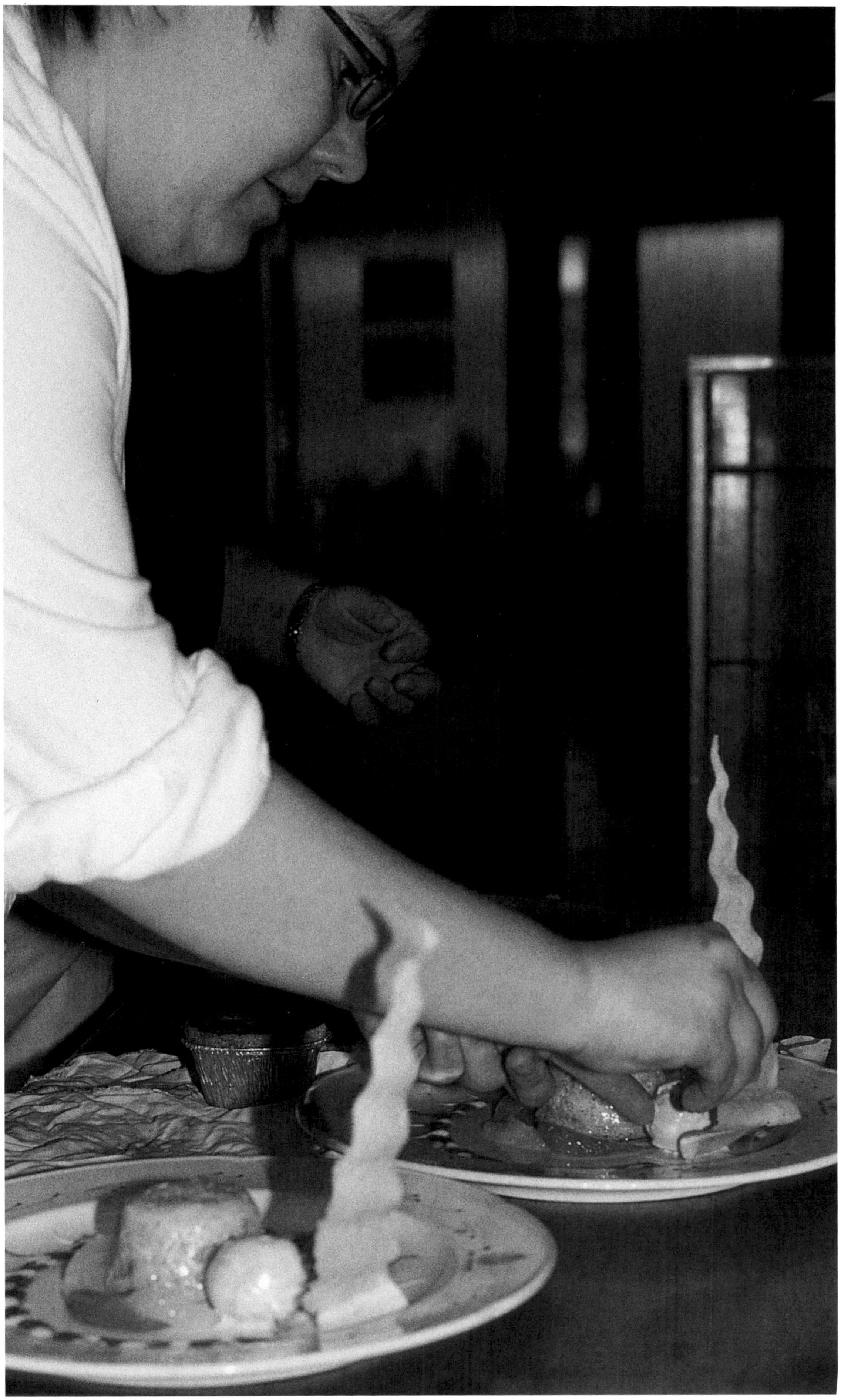

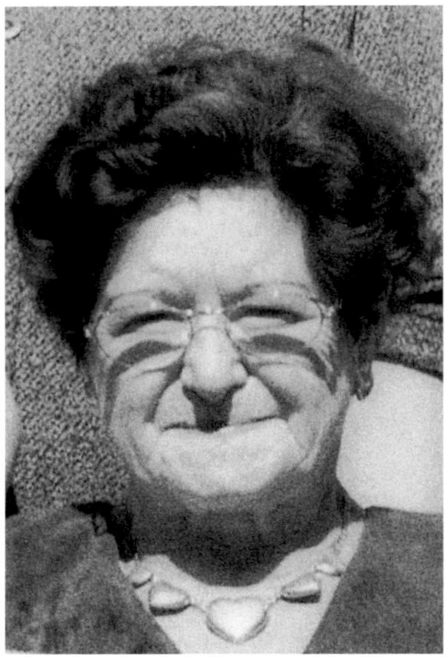 

DANKE

GLOSSAR

Bei der Verwendung von schwarzem und weißem Pfeffer sowie Koriander versteht es sich, dass die genannten Gewürze frisch aus der Mühle gemahlen zugegeben werden. Olivenöl sollte ein extra natives Öl sein, also kalt gepresste Ware. Zu den Angaben noch ein kurzer Hinweis: 20 ml entspricht ungefähr 20 Gramm und das entspricht wiederum ungefähr einem Esslöffel. Wir haben im Buch die Fachbegriffe weitest gehend zurückgenommen, um die Rezepte besser verständlich zu machen. Dennoch sind hier die wichtigsten aufgelistet.

AUFDRESSIEREN ausspritzen, zumeist mit einem Spritzbeutel.

BACKMATTE eine in aller Regel mit einer dünnen Silikonschicht überzogene, hitzebeständige Backfolie, die ein beschichtetes Backblech ersetzen kann. Ihr großer Vorteil: man benötigt kein Fett.

BLANCHIEREN kurzes Einlegen von Gargut in kochendes Wasser. Die Dauer ist abhängig vom jeweiligen Produkt. Zumeist gibt man dem Wasser etwas Salz und manchmal auch eine Zitronenscheibe zu. Danach wird das Gargut kalt abgeschreckt, um ein Nachgaren zu unterbinden. Blanchiertes Gemüse erhält eine schöne, satte Farbe. In den Zubereitungsschritten ist dieser Vorgang genau erklärt.

BRIES die Thymusdrüse vom Kalb, die sich im Lauf der Jahre rückentwickelt. Gilt in der Gastronomie, bei entsprechender Qualität und Zubereitung als Delikatesse.

BONITO-FLOCKEN der Atlantische Bonito, oder kurz Bonito, ist eine Fischsorte, die ein wenig wie ein Thunfisch aussieht, aber vom Fleisch her an Makrele erinnert. Der echte Bonito, auch als gestreifter Thunfisch bekannt, ist hingegen eine Thunfischsorte, die bis zu 80 cm lang und 4,5 kg schwer werden kann. Sie besitzen festes, dunkles Fleisch, das durch sein Aroma besticht. Bontio-Flocken sind das luftgetrocknete Fischfleisch und dünn geschabte Filet des echten Bonitos; sie werden als Aromengeber in Saucen eingesetzt.

CONSOMMÉ die geklärte Suppe. Durch stundenlanges Köcheln von Knochen, währenddessen immer wieder Fett und Schaum abgeschöpft wird, erhält man eine Grundbrühe. Um diese Suppe zu klären, wird jeweils das entsprechende Produkt (Geflügel, Rind, Fisch etc.) zugesetzt und aufgekocht. Dann wird Eiweiß zugegeben, das gerinnt und dabei die Trübstoffe an sich bindet. Die Suppe vorsichtig durch ein Tuch abgießen, so dass das gestockte Eiweiß zurückbleibt.

FOND urspr. Grund, Boden; eine vom entspechenden Produkt gezogene Brühe, die als Grundbrühe angesehen wird (siehe dazu – Jus).

GEWEISSTE KUTTELN darunter sind alle essbaren Teile des Magentraktes von Rind, besser noch vom Kalb gemeint. Geweißt bedeutet, dass sie schon vorgekocht sind.

GLASIEREN überglänzen. Speisen werden mittels Karamell, des eigenen Saftes oder Butter überzogen, damit sie eine glänzende Oberfläche erhalten.

GLUKOSESIRUP (Bonbonsirup) ein Stärkesirup. Zuckerform, im Bäckereigroßhandel oder beim Konditor auf Nachfrage erhältlich.

GRATINIEREN überbacken, überkrusten, rasches Überbräunen mit Oberhitze.

HUCHEN ist ein Lachsfisch, der wegen seines feinen Fleisches sehr geschätzt wird. Er stellt hohe Ansprüche an eine saubere Wasserqualität sowie Versteckmöglichkeiten zwischen Steinen, Baumwurzeln etc.

ISI-SPENDER früher auch Sahnespender genannt. Mit Hilfe von Stickstoffkapseln kann damit Flüssigkeit verdichtet werden.

JULIENNE sehr fein geschnittene Streifen von ca. 3 bis 4 cm Länge von z. B. Gemüse.

JUS urspr. Saft, Brühe; abgelöschter Bratensatz, einreduzierter, bereits saucenartiger Fond.

KARAMELL geschmolzener Zucker. Beim Erhitzen und Verflüssigen der Zuckerkristalle nimmt die Süßigkeit ab und es entsteht ein leicht bittersüßer Röstgeschmack.

KARKASSEN Knochen oder Gräten, die zu einem Fond auskocht werden.

KNOBLAUCH, GERÄUCHTERTER gibt es als ganze Knolle oder Zehen in Feinkostgeschäften zu kaufen. Selbstverständlich kann man ihn mittels Räuchermehl, z. B. in einem Wok mit Gittereinsatz, selbst zubereiten.

LÄUTERZUCKER ist ein Grundsirup, mit dem in der Patisserie gearbeitet wird. Im Allgemeinen kommen auf 2 Teile Zucker 1 Teil Wasser, die miteinander aufgekocht werden und ca. 10 Minuten bei geringer Hitze eindicken.

LEGIEREN das Verfeinern einer Sauce oder Suppe mit Eigelb und Sahne. Ergibt eine leichte Bindung. Nach dem Legieren sollte die Flüssigkeit nicht mehr kochen!

LOTUSWURZEL ist die Wurzel des Wasserlotus. Frisch bekommt man sie in Feinkostgeschäften, als Dosenware oder tiefgekühlt in Asia-Geschäften.

MADEIRASAUCE ist eine kräftige Madeirareduktion, die mit Rotwein, Kalbsjus und Butter verfeinert wird.

MIE DE PAIN frisches, entrindetes Toastbrot, das in einem Mixgerät fein zermahlen wird. Man kann das Weißbrot auch erst kurz anrösten, dann lässt es sich besser mixen.

NAPPIEREN überziehen, mit einer Sauce gleichmäßig übergießen.

OFENTOMATEN ein etwas aufwendiges Verfahren, aber es lohnt sich. Tomatenscheiben werden auf ein Backblech gelegt, mit etwas Olivenöl beträufelt und mit Meersalz bestreut. Sie müssen dann bei ca. 80 °C in 3 bis 4 Stunden trocknen. Man kann die Würzung auch mit Rosmarin und oder Thymian ergänzen. Ich habe immer welche vorrätig, da sie eine wundervolle Würze sind.

PARIEREN zurechtschneiden, Form geben, herrichten.

PIMENT D'ESPELETTE eine Chilisorte, die ihren Namen ihrer Herkunft zu verdanken hat: sie stammt aus Espelette, das im baskischen Teil Südwest-Frankreichs liegt. Die Chilischoten werden an der Luft getrocknet und zumeist zu einem orangerotfarbenen Pulver vermahlen, das sich durch seinen mild-aromatischen Geschmack auszeichnet.

PFEFFER, GRÜNER sind die noch unreifen Beeren, die frisch geerntet in eine Salzlake eingelegt, auf den Markt kommen.

PLATTIEREN flach klopfen.

SANSHO-PFEFFER wird aus der gemahlenen Außenhülle der Eschensamen gewonnen. Dieser wiederum ist die Frucht einer japanischen stacheligen Eschensorte, die auch als Pfefferbaum bekannt ist, obwohl sie mit den Pfeffergewächsen nicht verwandt ist. Sansho-Pfeffer wird zum Würzen von Suppen und Fischgerichten eingesetzt und ist in Spezialitätengeschäften erhältlich.

SENFPULVER, ENGLISCHES wird aus dem Weißen Senf gewonnen (auch als Gelber Senf oder Wildsenf bekannt). Er ist der wichtigste Rohstoff zur Gewinnung von Senfölen, Senfmehl oder Senfpasten. Das englische Senfpulver ist eine verfeinerte Form des Senfmehls.

STEINPILZPULVER ist ein hoch aromatisches Pulver, das aus getrockneten und fein zermahlenen Steinpilze gewonnen wird. In Feinkostgeschäften erhältlich.

SÜSSHOLZ von dieser Pflanze aus der Familie der Leguminosen werden nur die Wurzeln verwendet. Noch heute benutzt man sie für Heilbehandlungen (z.B. für Magen-Darm-Erkrankungen und für die Zubereitung von Süßigkeiten (z.B. Lakritze) und Getränken.

TRAUBENSENF ist ein violetter Senf, der in Feinkostgeschäften erhältlich ist. Sein süßscharfer Geschmack rührt aus der Zugabe von Traubenmost her.

VALHRONA-SCHOKOLADE ist eine hochwertige Schokoladensorte mit hohem Kakaoanteil und wenig Zucker.

REZEPTREGISTER

DANKSAGUNG UND IMPRESSUM

DANKE
Ich möchte vielen Menschen, die mir bei der Realisierung dieses Buches geholfen haben, von Herzen Danke sagen.
Allen voran meiner Familie, die mich treu unterstützt und voll hinter mir steht.
Danke meiner lieben Frau Anne für die tollen Desserts.
Danke Christoph Dettling, Gert Stohrer und Oliver Rausch für ihren unermüdlichen Einsatz.
Danke an das ganze Sackmann-Team!
Ein besonderer Dank gilt der CPA!, die mir die Möglichkeit zu diesem Kochbuch gab, dem Verlag und nicht zuletzt ein Dankeschön dem Photographen Peter Schulte, dem Autor Enno Dobberke, sowie Thomas Bried für das Buchdesign.

2. Auflage 2005

IDEE, KONZEPTION UND UMSETZUNG
CPA! Communications- und Projektagentur GmbH, Wiesbaden

FOTOGRAFIE
Peter Schulte Photographie, Hamburg

TEXTE
Enno Dobberke, Berlin

GESTALTUNG
Thomas Bried, Anita Holm

REPRODUKTION
Lorenz & Zeller, Inning a. A.

DRUCK UND BINDUNG
Appl aprinta Druck, Wemding

PRINTED IN GERMANY
ISBN 3-89910-212-6